飾りも、出し物も、カードも、これ1冊でOK!

お誕生会 パーフェクトブック

ナツメ社

お誕生会パーフェクトブック
CONTENTS

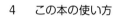

●お誕生会を盛り上げる！ 飾りとカード

●付録1 そのまま使える絵人形

この本の使い方

P.5〜　バースデーシアター

パネルシアターやペープサートをはじめ、
お誕生会にぴったりのシアターを **8** 話掲載。

使用する絵人形　準備する絵人形が、ひと目で分かる一覧です。

すぐ使える絵人形 P.105／P.107／P.109
付録のページを示しています。切り取ってすぐに使える絵人形がとっても便利です。

らくらく拡大コピー
拡大カラーコピーして不織布にはって簡単にできる絵人形です。本誌で紹介している大きさになる拡大率を添えました。

P.59〜　誕生日の歌

みんなで楽しく、すぐに歌えるお誕生日の
お祝いソングを **7** 曲掲載。

簡単　**普通**　伴奏の弾きやすさを示しています。

P.99〜　そのまま使える絵人形

切り取って、すぐに作れるペープサートの絵人形をとじ込みました。

P.49〜　かんたんマジック

簡単にできて、子どもたちに受けること
間違いなし！　のマジックを **6** 本掲載。

らくらく拡大コピー
拡大カラーコピーして使えるイラストです。マジックグッズの製作に役立ててください。

タネあかし
タネあかしをわかりやすく説明しています。読んで練習の活用にしてください。

P.67〜　飾りとカード

お誕生会を盛り上げる会場の飾り付けから、
冠、カードまで **5** カテゴリーを掲載。

会場飾り　カテゴリーを示しています。使いたいものが選びやすいように分かれています。

型紙 113ページ に型紙があります。　型紙を掲載しているものに型紙マークをつけました。枠内の数字は掲載しているページを示しています。

作り方　作り方イラストで簡単に作り方や材料を説明しています。

P.113〜　コピーして使える型紙

好きなサイズに拡大コピーして使える型紙を
掲載しました。

すぐにできる！ バースデーシアター

誰にでもやさしく演じられるシアターです。
パネルシアターをはじめ、ペープサート、うちわや大きな布を使ったシアターなど
バリエーションいろいろ。
0.1.2歳児向けのアレンジもご紹介しています。

マホットさんの わくわく誕生会

サルくんの誕生日をサプライズでお祝いしようとする
コブタちゃんとクマくん。保育者は、魔法使いマホット
さんに扮してお話を盛り上げましょう。

使用する
絵人形

コブタちゃん　クマくん　サルくん

草　おもちゃの車　ろうそく（6本）　花の冠　ケーキ

作●山本和子　イラスト●わたいしおり

・パネルと絵人形の作り方は、112 ページにあります。

1

草をはっておく。

マホットさん わたしは、魔法が使えるマホットさん。
みんなのお誕生日をお祝いするのが大好き！
あっ、コブタちゃんが来ましたよ。

コブタちゃんを登場させて、手のそばに花の冠をはる。

コブタちゃん マホットさん、こんにちは。
今日は、サルくんのお誕生日なの。
わたしね、プレゼント作っちゃった。

マホットさん いいね、コブタちゃん。何を作ったの？

コブタちゃん あのね、見て見て、花の冠。

マホットさん わあ、サルくん、きっと喜ぶね！

2

コブタちゃんをはる。

マホットさん あっ、コブタちゃん、
クマくんがきましたよ。

クマくんを出して、手のそばにおもちゃの車をはる。

クマくん やあ、マホットさん、コブタちゃん、
ぼくね、サルくんの
お誕生日プレゼント作ったよ。

マホットさん クマくん、何を作ったの？

クマくん ほら、見て見て、おもちゃの車だよ。

コブタちゃん わあ、サルくん、きっと喜ぶね。

3

プレゼントをはり直す。

クマくん ねえ、マホットさん、コブタちゃん、
プレゼントを渡すとき、
サルくんをびっくりさせちゃおうか？

コブタちゃん いいね、どうやってびっくりさせる？

クマくん 隠しておいて、ぱっと出すんだ。

あっ、サルくんの声が
聞こえてきましたよ

4

花の冠とおもちゃの車を、
草の後ろにはる。

マホットさん コブタちゃん、クマくん、
いいね。
そこの草の陰に
隠しましょう。

サルくん だれか、一緒にあそぼー！

マホットさん あっ、サルくんの声が
聞こえてきましたよ。

5

サルくんを出す。

マホットさん 来た来た、サルくんがやって来ましたよ。

サルくん あっ、マホットさん、コブタちゃん、クマくん、
一緒にあそぼう。
あっちの木の方へ行って、ブランコしようよ。

コブタちゃんを持つ。

コブタちゃん あの、今、あっちには行けないの。

6

コブタちゃんをはり、クマくんを持つ。

サルくん それじゃあ、向こうの草の丘で、
草滑りしない？

クマくん あの……今、向こうへは
行けないんだ。

サルくん マホットさん、
公園のお砂場であそばない？

マホットさん ごめんね、
今は公園に行けないんです。

7

クマくんをはる。
草のそばにある花の冠とおもちゃの車を
コブタちゃんとクマくんの手にはる。

サルくん みんな、ぼくと、
あそびたくないのかな？
しょぼーん……。

コブタちゃん サルくん、違うの。あのね、ほら！

クマくん ぼくたち、サルくんをびっくりさせたくて、
ここに、プレゼントを隠していたんだ。

サルくん えっ、プレゼント？

らくらく拡大コピー

※200％に拡大して使ってください。

草

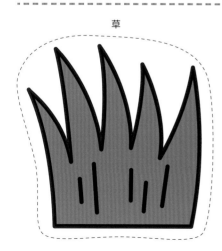

おもちゃの車

花の冠

コブタちゃん

8

コブタちゃん サルくんのお誕生日プレゼントよ。
サルくん、おめでとう!

花の冠を、サルくんの頭の上にはる。

サルくん わあ、びっくり!
きれいな花の冠、うれしいな!
コブタちゃん、ありがとう!

わあ、
うれしいな!

9

おもちゃの車をサルくんの手にはる。

クマくん ぼくからのお誕生日プレゼントは、
ぼくが作った車のおもちゃだよ。
サルくん、おめでとう!

サルくん わあ、うれしいな!
クマくん、ありがとう!

サルくん

クマくん

10

マホットさん サルくん、よかったね。
では、わたし、マホットさんからも、
お誕生日プレゼント!
はい、大きなケーキ、でてこい、
マホットマホット、ぼわわ～ん!

魔法の呪文に合わせて、ケーキをはる。

サルくん わあ、マホットさん、ありがとう!
みんなで一緒に食べよう!

11

マホットさん 待って、待って、はい、ろうそくも立てましょう。
サルくんは、6歳だから、6本だね。

ケーキの上にろうそくをはる。

サルくん わあい、うれしいな!
ぼくね、ろうそくを吹き消すとき、
みんなとずっとお友達でいられますようにって、
お願いするんだ。

12

子どもたちに語りかけ、一緒に「お誕生日おめでとう!」と
言ってもらう。お誕生日の歌などを歌ってもいい。

マホットさん サルくん、よかったですね。
では、みんなも「○○ちゃん、○○くん、
お誕生日おめでとう!」って、
一緒に言ってあげましょうね。
「お誕生日おめでとう!」。

おしまい

ケーキ

ろうそく（6本）

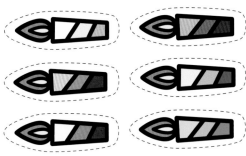

0.1.2歳児向け

0～2歳児さんには、ストーリーをシンプルにして
①～⑦のように演じてみましょう。
最後に拍手をしたり、鈴やタンバリンを
鳴らしたりして盛り上げても楽しいです。

1 「今日は、サルくんのお誕生日だよ」と、サルくんをはる。

2 「コブタちゃんがお祝いに、プレゼントを持ってきてくれたよ」と、コブタちゃんとプレゼントをはる。

3 「はい、プレゼントどうぞ」と、サルくんの頭の上に冠をはる。

4 「クマくんもプレゼントを持ってきてくれたよ」と、クマくんとプレゼントをはる。

5 「はい、プレゼントどうぞ」と、車をサルくんの手にはる。

6 「みんなからもおいしいケーキをプレゼントしましょう」と、ケーキをはる。

7 「○歳のお誕生日、おめでとう！」と、ろうそくをクラスの子の歳の本数はる。

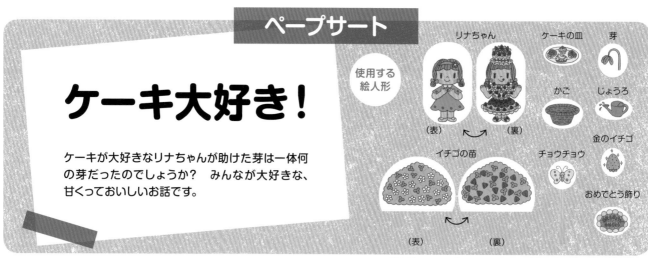

ケーキ大好き！

ケーキが大好きなリナちゃんが助けた芽は一体何
の芽だったのでしょうか？　みんなが大好きな、
甘くっておいしいお話です。

作・イラスト●山本省三

※絵人形は両面にブックコートをはり、表面をカバーしておきます。

すぐ使える絵人形　P.99／P.101／P.103

・絵人形の作り方は、112ページにあります。

1

リナちゃん（表）を持って登場する。

保育者　ねえ、みんな、この女の子の名前は
リナちゃんっていうの。

リナちゃん　わたしはリナ、よろしくね。

2

ケーキの皿を出す。

リナちゃん　わたし、ケーキが大好き！
ケーキに変身したいくらい好き。

ケーキの皿をリナちゃんの口元にはる。

リナちゃん　ああ、おいしいなあ。

ああ、
おいしいなあ

ケーキの皿には輪にし
たセロハンテープを
はっておき、絵人形に
はり付けます。

3

ケーキの皿を下げ、
リナちゃんを歩くように動かしながら。

（リナちゃん） また、ケーキを買いに行こうっと。

ケーキを買いに
行こうっと

何の芽かな?

4

芽を輪にしたセロハンテープで
テーブルにはる。

（リナちゃん） あらら、何の芽かな?
お水が足りなくて枯れそう。
戻っておうちの庭に
植えてあげるね。

芽をリナちゃんに持たせて移動させ、
もう一度テーブルにはる。

（リナちゃん） よいしょ、よいしょ。
今、お水、あげるから
待っててね。

5

リナちゃんに輪にしたセロハンテープで
じょうろをはり、芽に水をかけるしぐさをする。

（リナちゃん） ジャジャジャー、はい、お水ですよー。

リナちゃんとじょうろを下げる。

はい、
お水ですよー

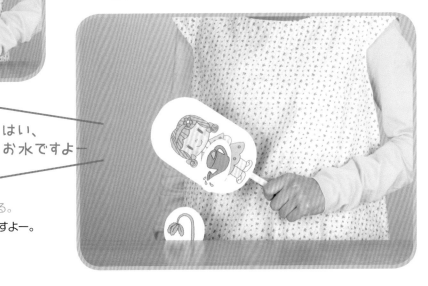

6

芽をイチゴの苗（表）に変え、
上の部分だけ見せる。
リナちゃんを出す。

リナちゃん ああ、よかった。
葉っぱがどんどん出てきたよ。

花がいっぱい
咲いたー！

7

保育者 それから、しばらくたちました。
イチゴの苗を全部出し、
輪にしたセロハンテープでテーブルにはる。

リナちゃん わーい、花がいっぱい咲いたー！

8

チョウチョウを花の前に飛ばす。

チョウチョウ ひらひらひら、ひらひらひら。

リナちゃん 花のいい匂いに、
チョウチョウもあそびにきたのね。

チョウチョウを下げる。

9

保育者 またしばらくたちました。

イチゴの苗を裏返して、テーブルにはる。

リナちゃん すごーい！ イチゴの花だったんだ。
イチゴがいっぱいなったー！

イチゴの花
だったんだ

10

リナちゃんの顔をイチゴに近づける。

リナちゃん わあ、甘そうないい匂い。
これでケーキを作りたいな。
イチゴを入れるかごを
持ってこようっと。

リナちゃんを下げる。

イチゴを入れるかごを
持ってこようっと

11

リナちゃん（表）にかごをはって出す。

リナちゃん さあ、イチゴをたくさん摘んで、
大きなイチゴケーキを作ろうっと。

イチゴの苗（裏）に金色のイチゴをはる。

リナちゃん あらら、
金色の大きなイチゴがなってる！

保育者 このイチゴは、イチゴの苗から
リナちゃんに助けてもらった
お礼ですって。
どうぞ、召し上がれ！

12

リナちゃんの口元に金のイチゴを近づける。

> **リナちゃん** わあ、金色のイチゴなんて、
> 食べるの初めて。いただきまーす！

金のイチゴを、食べるしぐさをしてから下げる。

なんておいしいの

13

> **リナちゃん** なんておいしいの。
> おいしくて、体がふわふわする！

リナちゃんを揺らすように動かす。

ケーキ姫に
変身しちゃった！

14

リナちゃんをさらに揺らす。

> **保育者** 金色のイチゴを食べたリナちゃんは
> とってもいい気持ちになって……
> クルリン！

リナちゃんを裏返す。

> **リナちゃん** わあ！　イチゴケーキのドレスを着た、
> ケーキ姫に変身しちゃった！

15

リナちゃんの頭におめでとう飾りを乗せる。

保育者 リナちゃんお誕生日おめでとう！
今日は〇〇ちゃんと〇〇ちゃんも
お誕生日ね。
みんなで一緒にお祝いしましょう。
おめでとう！

おしまい

おめでとう！

0.1.2歳児向け

ストーリーを短くして、簡単に演じてみましょう。
ケーキを食べるシーンでは子どもたちと一緒に食べるまねをしてもいいですね。

1

リナちゃん（表）を持って登場する。

リナちゃん

わたしはリナ、よろしくね。
わたし、ケーキがだ〜い好き。
今日はイチゴのケーキを食べようっと。

ケーキのお皿をリナちゃんにはって、
ケーキを食べるしぐさをする。

チョウチョウを出す。

チョウチョウ

リナちゃん、そんなにケーキが
好きなら、変身クルクルの術で
ケーキ姫に変身させてあげよう！

チョウチョウをクルクル回しながら、
リナちゃんの周りを飛ばす。

チョウチョウ

変身クルクルクルクル〜。もう1回！
みんなも一緒に言ってね！
変身クルクルクルクル〜。

3

リナちゃんをくるんと裏返す。

リナちゃん

わ〜！ イチゴのケーキ姫に
なっちゃった！
今日は〇〇ちゃんの誕生日だったわ！
お祝いに行こうっと！

誕生児の近くにリナちゃんを
移動させておめでとうを言う。

コロコロ、たまご君

迷子のたまご君、次々に出会うものにお母さんかどうかを尋ねますが……。繰り返しのやり取りが楽しいお話です。

使用する絵人形

たまご君　ボール　ウサギ　ニワトリ

カエル　風船

森

父さんおばけ　母さんおばけ　赤ちゃんおばけ

作●山本省三　イラスト●浅沼聖子

・パネルと絵人形の作り方は、112ページにあります。

1

たまごを手で転がすように動かしながら登場させる。

保育者　たまご君が道をコロコロコロコロ。
　　　　　たまご君、迷子になっちゃったみたい。

ボールと
ゴッツン!

2

ボールをはり、たまご君をボールに当てる。

保育者　たまご君、ボールとゴッツン!

3

（保育者） たまご君は、ボールに聞きました。
（たまご君） もしかして、ぼくはあなたのたまご？
（ボール） わたしはボール、たまごは産まないよ。
ボールを外す。

ぼくは
あなたのたまご？

4

（保育者） たまご君は、またコロコロコロコロ。
ウサギをはり、たまご君を転がすように
動かしてウサギに当てる。
（保育者） たまご君、ウサギとゴッツン！

5

（たまご君） もしかして、ぼくはあなたのたまご？
（ウサギ） わたし、たまごじゃなくて
赤ちゃんを産むの。

ぼくはあなたのたまご？

ニワトリに
ゴッツン！

6

（保育者）　たまご君は、またコロコロコロコロ。
ニワトリをはり、たまご君を転がすように
動かしてニワトリに当てる。
（保育者）　たまご君は、ニワトリにゴッツン！

ちょっと違うみたい

7

（たまご君）　もしかして、ぼくはあなたのたまご？
（ニワトリ）　コケッコ。たまごは産むけれど、
　　　　　　わたしのたまごとはちょっと違うみたい。
ニワトリを外す。

拡大コピーしてもイラストが切れない！！
※200％に拡大して使ってください。

たまご君

ボール

カエル

ウサギ

8

保育者 たまご君は、またコロコロコロコロ。

カエルをはり、たまご君を転がすように
動かしてカエルに当てる。

保育者 たまご君は、カエルにゴッツン！

9

たまご君 もしかして、ぼくはあなたのたまご？

カエル ケロケロ、私のたまごにしては、
大きすぎるわね。

カエルを外す。

風船　　　ニワトリ

森

10

保育者	たまご君は、またコロコロコロコロ。

風船をはる。

保育者	風船が空をふわふわ。たまご君は コロコロ、風船を追い掛けます。

たまご君を転がすように動かして。

たまご君	待って待って、もしかして、 ぼくはあなたのたまご？
風船	ふわふわ、たまごは一度も 産んだことないわねえ。

風船を外す。

11 森をはり、たまご君を転がすように動かす。

保育者	たまご君はまたコロコロころがって、 暗い森の中へコロコロ。

12

たまご君	ぼくを産んだのは誰なの？　ぼくは何のたまごなの？

たまご君を森の前にはる。

保育者	日が暮れてきました。
たまご君	寂しいよう、エーン、エーン。
保育者	すると、森の奥から声が聞こえてきました。
母さんおばけ	坊や、どこへ行ってたの？
父さんおばけ	帰ってきたんだね。
保育者	声を聴いたとたん、たまご君の殻がメリメリメリ…！

母さんおばけ

赤ちゃんおばけ

父さんおばけ

おめでとう！

13

たまご君を外し、父さん、母さんおばけと
たまごから産まれた赤ちゃんおばけをはる。

たまご君 メリメリ、パッカーン！
べろべろばあ！

父さんおばけ **母さんおばけ**
わあ、かわいい坊やだ！

たまご君 ぼく、おばけのたまごだったんだね。

保育者 お父さんとお母さんが見つかって
よかったね、おめでとう！

おしまい

0.1.2歳児向け たまご君がいろいろな物たちと出会うシーンは、1〜10までと同様に演じます。
その後、子どもたちと赤ちゃんおばけが産まれるのをみんなで応援しましょう！

11

たまご君 あれれ、なんだかむずむずするよ。
みんな あらあら？　たまご君どうしたの？
たまごくんの周りに、ボール、ウサギ、ニワトリ、
カエル、風船を囲むようにしてはる。

12

保育者 まあ、たまごが割れて赤ちゃんが
生まれるみたい！　がんばって！！
みんなも応援してね！
子どもたちにも手をたたくなどして参加してもらう。
おしまいに、たまごくんを外し、赤ちゃんおばけをはる。

たまご君 メリメリ、パッカーン、べろべろばあ！
保育者 おばけの赤ちゃんが生まれたよ！
おめでとう！

お誕生日 プレゼントマシーン

タヌポン博士が作ったプレゼントマシーンからいろいろなプレゼントが出てくるワクワクするお話です。お誕生日の子が自分でレバーを引くまねをしても楽しいですね。

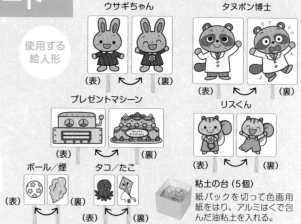

使用する 絵人形

ウサギちゃん
（表） （裏）

タヌポン博士
（表） （裏）

プレゼントマシーン
（表） （裏）

リスくん
（表） （裏）

ボール／煙
（表） （裏）

タコ／たこ
（表） （裏）

粘土の台（5個）
紙パックを切って色画用紙をはり、アルミはくで包んだ油粘土を入れる。

作●山本和子　イラスト●青木菜穂子

すぐ使える絵人形 P.105／P.107／P.109
・絵人形の作り方は、112ページにあります。

1

プレゼントマシーンを粘土の台に立てておき、タヌポン博士を出す。

保育者 あっ、発明家のタヌポン博士が、何か発明したみたい。

タヌポン博士 やったー！　私の発明、プレゼントマシーンが出来上がったぞ！今日はうさぎちゃんのお誕生日だから、プレゼントを出してあげよう。あ、うさぎちゃんが来たぞ。

2

ウサギちゃんを出して、タヌポン博士と話すように両方動かす。

ウサギちゃん タヌポン博士、こんにちは！この機械、なあに？

タヌポン博士 これは、お誕生日プレゼントを出すプレゼントマシーンなのだ。

ウサギちゃん わあい、私、今日お誕生日なの。

タヌポン博士 では、欲しいプレゼントを言って、マシーンの黄色いレバーを引いてごらん。

レバーを引いてごらん

3

ウサギちゃん	ええとね、そうだ、きれいなボールが欲しいの。
タヌポン博士	よし、ウサギちゃん、やってごらん。
ウサギちゃん	ボールをください。

ウサギちゃんを、レバーを引いているように動かしてから、タヌポン博士を粘土の台に立てる。

| 保育者 | キューン、ピコン！ |

4

| 保育者 | すると、プレゼントマシーンから、ぽーん！ |

プレゼントマシーンの後ろから、ボール（表）を出して、ウサギちゃんのそばに持っていく。

| ウサギちゃん | わあ、きれいなボール！タヌポン博士、ありがとう！ |

5

ボールを粘土の台に立て、タヌポン博士を持つ。

タヌポン博士	もっともっと、プレゼントをするぞ。今度は何がいいかな？
ウサギちゃん	ええと、ええと……、そうだ、たこが欲しいな。
タヌポン博士	ほいほい、やってごらん。
ウサギちゃん	たこをください。

ウサギちゃんを持って、レバーを引くように動かす。

| 保育者 | キューン、ピコン！ |

6

タヌポン博士を粘土の台に立てる。

保育者 すると、プレゼントマシーンから
タコがぼーん！

タコ（表）を出す。
ウサギちゃんを、びっくりしたように動かす。

ウサギちゃん わわ、博士、このタコじゃなくて、
空に揚げるたこなの。

キューン、
ピコン！

7

タヌポン博士 おっと、機械が間違えたんだ！
もう一度、やってごらん。

タヌポン博士持って、話すように動かしてから
粘土の台に立てる。

ウサギちゃん 空に揚げるたこをください。

ウサギちゃんをレバーを引くように動かして、
粘土の台に立てて、タコを裏返す。

保育者 キューン、ピコン！
わあ、今度はたこ揚げのたこが
出てきました！

8

たこを粘土の台に立てる。

ウサギちゃん わあい、タヌポン博士、ありがとう！

保育者 あっ、また誰かやって来ましたよ。
リスくんです！

リスくん（表）を登場させる。

リスくん ウサギちゃーん、
お誕生日おめでとう！

ウサギちゃん リスくん、ありがとう！

お誕生日
おめでとう！

リスくん　僕からのプレゼント。僕が作ったメダルをどうぞ！

ウサギちゃんとリスくんを裏返す。

ウサギちゃん　わあ、うれしいな。リスくん、ありがとう。

10

リスくんを粘土の台に立て、タヌポン博士を持つ。

タヌポン博士　よかったね、ウサギちゃん。
それではみんなでお祝いするために、
大きなケーキを出してごらん。

ウサギちゃん　大きなケーキ出てこい！

ウサギちゃんをレバーを引くように動かしてから
粘土の台に立てる。

保育者　キューン、ピコン！
ゴトン、ガウンガウン、
ブルブルブル〜！
わあ、プレゼントマシーンから
煙が出てきた！

プレゼントマシーンからボール（裏）の煙を出し、
タヌポン博士を裏にする。

タヌポン博士　これはいかん！
故障しちゃったのかな？

保育者　すると、そのとき。

大きなケーキに
なりました！

11

煙を下げ、プレゼントマシーンを
粘土の台ごと裏返して、タヌポン博士を表にする。

保育者 ぼわわわん！　なんと、
プレゼントマシーンが、
大きなケーキになりました！

タヌポン博士 ああ、よかった！
さすが、私の発明した機械じゃ。
さあ、ウサギちゃん、リスくん、
一緒に食べよう！

12

タヌポン博士、ウサギちゃんとリスくんを持つ。

ウサギちゃん タヌポン博士、リスくん、
ありがとう！

保育者 ウサギちゃん、楽しいお誕生日に
なってよかったですね。
それではみんなも、ウサギちゃんに
「お誕生日おめでとう！」って
言ってあげましょうね。

子どもたちに一緒に、
「お誕生日おめでとう」を言ってもらう。

保育者 せえの、「ウサギちゃん、お誕生日、
おめでとう！」

ウサギちゃん みんな、ありがとう！
みんなもいいお誕生日に
なりますように！

おしまい

みんなもいいお誕生日に
なりますように！

プレゼントマシーンからプレゼントが出てきます。
最後にケーキに変わる、というのを楽しんでもらいます。

1 今日は、ウサギちゃんのお誕生日。タヌキさんが、ここからプレゼントを出してくれるよ。キューン、ピコン！

2 プレゼント、何かな、何かな。あっ、ボールが出てきたよ！

3 今度はプレゼント、何かな、何かな？　キューン、ピコン！

4 あっ、たこが出てきたよ。では、またレバーを引いて！
キューン、ピコン！

5 今度は、お友達のリスくんがぴょこん！

6 リスくんは、ウサギちゃんに、メダルをプレゼント！
ウサギちゃんは、「ありがとう！」ってにこにこ。

7 さて、今度は何かな？　キューン、ピコン！

8 わあ、大きなケーキに変わったよ！　ウサギちゃんよかったね！　みんなも、「お誕生日、おめでとう！」って言おうね。「お誕生日、おめでとう！」

当てっこシアター

もぐらのあなほり

もぐらくんと一緒に穴を掘ったら土の中から……？
何が出てくるか当てっこをする楽しいシアターです。
歌は、メリーさんのひつじの替え歌だから簡単！

準備
するもの

土の中の物
（5種類）

（スコップ）

（恐竜の骨）

ケース

＊ケースの中に色画
用紙の土を全て
入れておく。

ケーキ

（サツマイモ）
（種・花）
（プレゼント）

＊プレゼントの中
に入れておく。

作●磯亜矢子
イラスト●村東ナナ

♪もぐらのあなほり　　　　作詞／磯亜矢子　作曲／外国曲

もぐらの　あなほり　ほれほれ　ほれほれ　ほったら　なにが　でてくる　のかな？

一緒に手伝って
くれるかな？

1

（保育者）あっ、もぐらくんだ。もぐらくん、こんにちは。
もぐらくん、何をしているの？

（もぐらくん）地面に何か埋まっているかなと思って、
掘っているんだ。一緒に手伝ってくれるかな？

子どもたちに向かって言う。

（保育者）みんなで手伝ってあげよう！

2

（もぐらくん）最初は何が埋まっているか、
一緒に掘ってくれるかな？

「もぐらのあなほり」の歌をうたう。

♪もぐらのあなほり
ほれ　ほれ　ほれ　ほれ
ほったらなにが　でてくるのかな？

（保育者）「ほれほれほれほれ〜、ジャン！」

土をいちばん上の段から1枚ずつめくっていき、
子どもたちに当ててもらう。

（保育者）スコップだったね〜。

土を元に戻し、スコップの紙を引き出す。

ケースの土の部分が扉のようになっていて、
1枚ずつめくっていくと埋まっているものの
一部が見えてきます。子どもたちに当てても
らい、正解が出たら土を元の状態に戻し、上
から答えの紙を引き出します。

3

もぐらくん 次は何が埋まっているか、
また一緒に掘ってくれるかな？

「もぐらのあなほり」の歌をうたう。

♪もぐらのあなほり
ほれ ほれ ほれ ほれ
ほったらなにが でてくるのかな？

保育者 「ほれほれほれほれ〜、ジャン！」

土をいちばん上の段から1枚ずつめくっていき、
子どもたちに当ててもらう。

保育者 恐竜の骨だったね〜。

土を元に戻し、恐竜の骨の紙を引き出す。

4

もぐらくん もっと掘ってみるよ。何が埋まっているか、
また一緒に掘ってくれるかな？

「もぐらのあなほり」の歌をうたう。

♪もぐらのあなほり
ほれ ほれ ほれ ほれ
ほったらなにが でてくるのかな？

保育者 「ほれほれほれほれ〜、ジャン！」

土をいちばん上の段から1枚ずつめくっていき、
子どもたちに当ててもらう。

保育者 サツマイモだったね〜。

土を元に戻し、サツマイモの紙を引き出す。

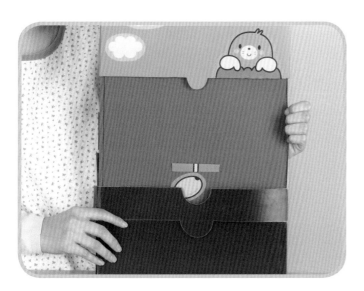

5

もぐらくん もっともっと掘ってみるよ。
次は何が埋まっているか、
また一緒に掘ってくれるかな？

「もぐらのあなほり」の歌をうたう。

♪もぐらのあなほり
ほれ ほれ ほれ ほれ
ほったらなにが でてくるのかな？

保育者 「ほれほれほれほれ〜、ジャン！」

土をいちばん上の段から1枚ずつめくっていき、
子どもたちに当ててもらう。

保育者 種だったね〜。

6

保育者 あれ⁉
ぐんぐん伸びていくよ。

仕掛けを上に引き出し、後ろに
折り畳んでいた花を立たせる。

保育者 わあ‼　お花が咲いたよ！
きれいなお花の種だったんだね。

7

もぐらくん もっともっともっともっと掘ってみるね。
次は何が埋まっているか、
また一緒に掘ってくれるかな？

「もぐらのあなほり」の歌をうたう。

**♪もぐらのあなほり
ほれ　ほれ　ほれ　ほれ
ほったらなにが　でてくるのかな？**

保育者 「ほれほれほれほれ〜、ジャン！」

土をいちばん上の段から1枚ずつめくっていき、
子どもたちに当ててもらう。

保育者 プレゼントだったね〜。

らくらく拡大コピー

※200%に拡大して使ってください。

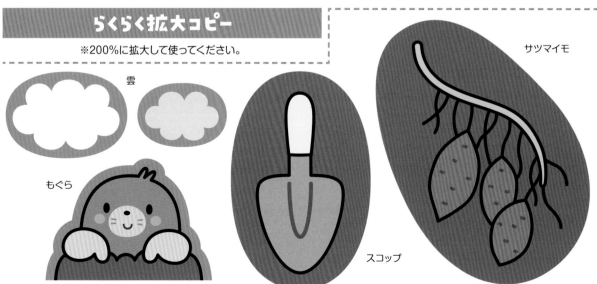

雲

もぐら

スコップ

サツマイモ

8

もぐらくん プレゼントだったね。
中に何が入っているのかな？
じゃーん、おいしそうなケーキ!!

プレゼントの中からケーキを出す。

もぐらくん 今日は、○○さん（○月生まれのお友達）の
お誕生日だよね。
「お誕生日おめでとう!!」

おしまい

プレゼントは、ポケットになっているのでその中にケーキを入れておきます。

作り方

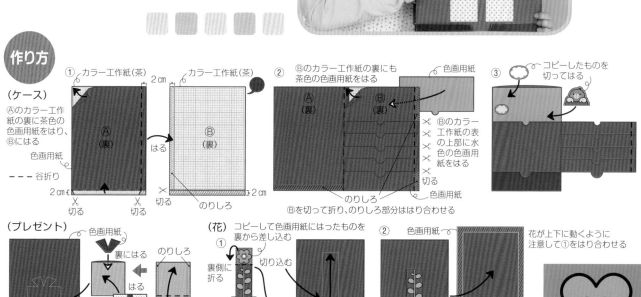

（ケース）

① カラー工作紙(茶)　　カラー工作紙(茶)

Ⓐのカラー工作紙の裏に茶色の色画用紙をはり、Ⓑにはる

2㎝

色画用紙

--- 谷折り

2㎝　切る　切る

Ⓐ(裏)　　Ⓑ(裏)

はる

切る　のりしろ　2㎝

② Ⓑのカラー工作紙の裏にも茶色の色画用紙をはる

色画用紙

Ⓐ(裏)　Ⓑ(裏)

Ⓑのカラー工作紙の表の上部に水色の色画用紙をはる

切る

のりしろ　色画用紙

Ⓑを切って折り、のりしろ部分ははり合わせる

③ コピーしたものを切ってはる

（プレゼント）

色画用紙

裏にはる

のりしろ

はる　はる

色紙　色画用紙

（花） コピーして色画用紙にはったものを裏から差し込む

① 裏側に折る　切り込む

はる

コピーしたもの

―・― 山折り　色画用紙

② 色画用紙

花が上下に動くように注意して①をはり合わせる

① のりしろ

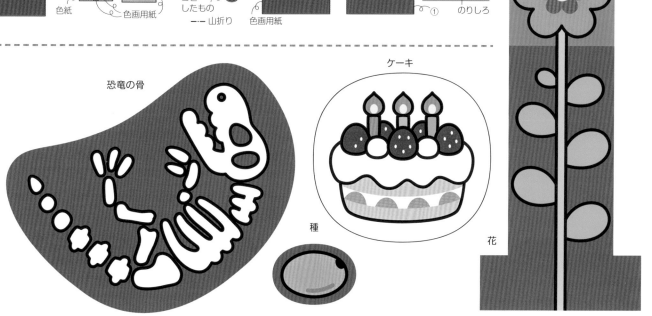

恐竜の骨

ケーキ

種

花

うちわシアター

ないしょないしょの プレゼント

大・中・小のうちわの表と裏を使ったユニークなシアターです。子どもたちも参加できるお話で、グー・チョキ・パーの拍手や歌で会場も盛り上がるはず。

使用する絵人形

こぶた　ローソクの炎　中ぶた　ケーキ・中
（表）→（裏）（うちわ・小）（表）←（うちわ・中）（裏）

大ぶた　ケーキ・大　　おおかみくん
（表）←（裏）（うちわ・大）（表）←（裏）

作●あおぞらワッペン　イラスト●わたいしおり

1

ナレーター

ねえねえ、
今日はお誕生会があるんだって。
3匹のこぶたが、
拍手の練習をしているよ。

大きな拍手を
プレゼントするよ

2

大ぶたのうちわを出す。

大ぶた

こんにちは。
僕は、3匹のこぶたの
いちばん上のお兄ちゃん。
大きな拍手をプレゼントするよ。

♪おたんじょうびのプレゼント
　みんなではくしゅをプレゼント
　おおきなこぶた　パンパンパン

3

中ぶたのうちわを出す。

中ぶた

こんにちは。 僕は、3匹のこぶたの
2番目のお兄ちゃん。
中くらいの拍手をプレゼントするよ。
チョキの手で、「チョンチョンチョン」。

♪おたんじょうびのプレゼント
　みんなではくしゅをプレゼント
　おおきなこぶた パンパンパン
　ちゅうくらいのこぶた
　チョンチョンチョン

4

こぶたのうちわを出す。

こぶた

こんにちは！ 僕は、いちばん下の弟。
小さな拍手をプレゼントするよ。
グーの手で、「トントントン」。
♪おたんじょうびのプレゼント
　みんなではくしゅをプレゼント
　おおきなこぶた パンパンパン
　ちゅうくらいのこぶた
　チョンチョンチョン
　ちいさなこぶた トントントン

5

ナレーター

ねえ、みんな。だけどね、
おおかみくんが来たら「シー」だよ。

♪おたんじょうびのプレゼント
　みんなではくしゅをプレゼント
　おおきなこぶた パンパンパン
　ちゅうくらいのこぶた
　チョンチョンチョン
　ちいさなこぶた トントントン
　おおかみくん シー

「♪おおかみくん」のところで、
おおかみくんのうちわ（表）を出す。

♪パンパンパン

♪チョンチョンチョン

♪トントントン

♪シー

ショボーン

6 大ぶた、中ぶた、こぶた、おおかみくんを
いろんな順番で出して、拍手をしてあそぶ。

♪おたんじょうびのプレゼント
　みんなではくしゅをプレゼント
　おおきなこぶた パンパンパン
　ちゅうくらいのこぶた チョンチョンチョン
　ちいさなこぶた トントントン おおかみくん シー

らくらく拡大コピー

※350%に拡大して使ってください。

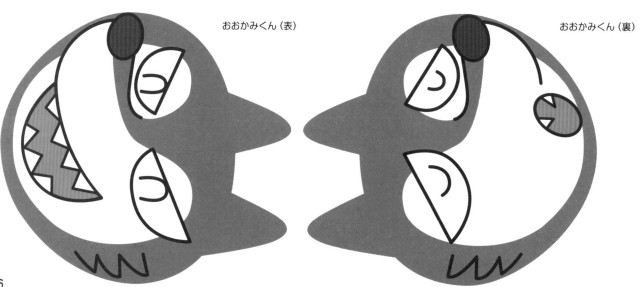

おおかみくん（表）

おおかみくん（裏）

7

ナレーター

ところで、今日は
誰の誕生日かっていうとね。
実は……、おおかみくんの誕生日なの！
そう、だから、おおかみくんには
内緒で拍手の練習をしてたんです！
今度は、おおかみくんがきたら
「おめでとう！」って言ってね。
さあ、お誕生会を始めますよ。
おおかみくんを呼ぼう！

みんな　「おおかみく～ん」。

おおかみくんのうちわ（裏）を出す。

8

♪おたんじょうびのプレゼント
　みんなではくしゅをプレゼント
　おおきなこぶた
　ちゅうくらいのこぶた
　ちいさなこぶた
　おおかみくんおめでとう

おおかみくんのうちわを裏返して
表にする。

中ぶた　　　　　　　　　ケーキ・中

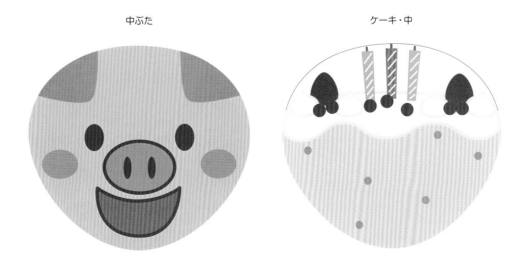

9

こぶた　中ぶた　大ぶた

おおかみくん、ぼくたちみんなで
ケーキを作ったよ！

大ぶたと中ぶたのうちわを
裏返して、ケーキにする。

こぶた　中ぶた　大ぶた

ジャーン！

10

こぶたのうちわを裏返して、
ろうそくに火がつくように載せる。

こぶた　中ぶた　大ぶた

はい、ろうそくに火をつけたよ。
おおかみくん、歌が終わったら
ふーって 火を消してね！　せーの！

みんなで歌をうたう。

♪おたんじょうびのプレゼント
　みんなではくしゅをプレゼント
　おおきなこぶた
　ちゅうくらいのこぶた
　ちいさなこぶた
　おおかみくんおめでとう

おおかみくんのうちわであおぎながら。

おおかみくん　ふ〜〜〜！

ろうそくの炎を外す。

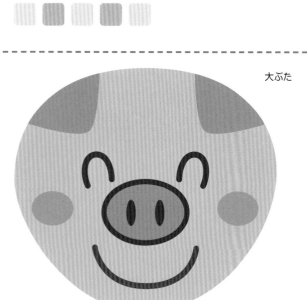

大ぶた

ケーキ・大

HAPPY
BIRTHDAY

11

こぶた 中ぶた 大ぶた

みんなで声を合わせて
「お誕生□、おめでとう！」

最後にみんなで歌う。

♪おたんじょうびの
　プレゼント
　みんなではくしゅを
　プレゼント
　おおきなこぶた
　ちゅうくらいのこぶた
　ちいさなこぶた
　おおかみくん
　おめでとう

おしまい

♪おおかみくん　おめでとう

♪ないしょないしょのプレゼント

作詞／川崎やすひこ　作曲／千葉純平

こぶた

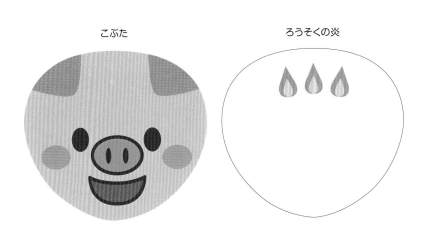

ろうそくの炎

作り方

（おおかみ）

① 拡大コピーした
　おおかみ（表）を
　カラー工作紙に
　はったもの

② 拡大コピーした
　おおかみ（裏）

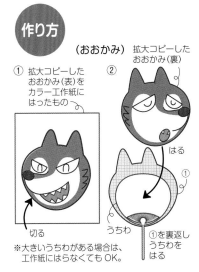

切る

はる

うちわ

①を裏返し
うちわを
はる

※大きいうちわがある場合は、
　工作紙にはらなくてもOK。

やぎさんゆうびん

童謡の「やぎさんゆうびん」をパントマイムで演じてみましょう。「受け渡す」「食べる」の2つのパントマイムをマスターすれば簡単！　曲の速度を早くしたり、間をとったりして繰り返し歌うと、おもしろさも倍増しますよ！
しろやぎさんとくろやぎさんは、一目でわかる服装で。

登場人物

しろやぎ

くろやぎ

郵便屋さん

*ピアノの伴奏者

作●あおぞらワッペン

♪やぎさんゆうびん

作詞／まど・みちお　作曲／團　伊玖磨

1. しろやぎ さん から おてがみ ついた
2. くろやぎ さん から おてがみ ついた

くろやぎ さん たら よまずに たべた
しろやぎ さん たら よまずに たべた

しかたが ないので おてがみ かいた
しかたが ないので おてがみ かいた

さっきの てがみの ごようじ なあに
さっきの てがみの ごようじ なあに

1 ♪前奏

中央に郵便屋さん、上手にしろやぎさん、
下手にくろやぎさんが立つ。

※上手は、舞台の左側（客席から見て右側）。

★ポイント★
受け渡しのパントマイムのコツは、「離す」こと。相手に受け取ってもらったら、渡した人は手紙から手をしっかり離しましょう。

2 ♪しろやぎさんから　おてがみついた

郵便屋さんは手紙を持ち、くろやぎさんの方へ向かう。くろやぎさんに手紙を渡し、くろやぎさんはそれを受け取るしぐさをする。

ああー!

3 ♪くろやぎさんたら よまずにたべた

くろやぎさんは手紙を食べる
まねをする。郵便屋さんは驚く。

郵便屋さん 「ああー! くろやぎさん、
お手紙食べちゃダメでしょ!」

★ポイント★
食べるパントマイムは、
「かむ」「味わう」「飲み
込む」の3つを丁寧に
行うと、「食べる」行為
がよく伝わります。

♪さっきのてがみの
ごようじなあに

4 ♪しかたがないので おてがみかいた
さっきのてがみの ごようじなあに

くろやぎさんは歌いながら手紙を書き、郵便屋さん
に渡す。郵便屋さんはそれを受け取る。

5 ♪くろやぎさんから おてがみついた

今度は、郵便屋さんがしろやぎさんさんの方へ向かい、
手紙をしろやぎさんへ渡し、しろやぎさんはそれを受
け取る。動きは2と同様に。

郵便屋さん 「しろやぎさんへこのお手紙届けなきゃ!」

6 ♪しろやぎさんたら よまずにたべた

動きは、3と同様。
郵便屋さんは、3の時より困った感じで驚く。

郵便屋さん 「困った、困った、どうしよう!!」

7

♪しかたがないので おてがみかいた
さっきのてがみの ごようじなあに

しろやぎさんは歌を歌いながら手紙を書き郵便
屋さんへ渡す。郵便屋さんはそれを受け取る。

♪さっきのてがみの
ごようじなあに

♪おてがみ
かいた

8

2〜7を繰り返す。

★歌の速さを少し早くします。動きもその速度に合わせ
早く動きましょう。郵便屋さんがだんだんと焦ってい
く様子が表現できたらなおいいです。やぎさん2人も
手紙をむしゃむしゃ食べましょう。

9

さらに歌の速度を上げ、**2〜7**を繰り返す。

★動きは、丁寧にやるというよりはやぎさんたちに翻弄
される郵便屋さんを表現できるといいですね。やぎ
さんたちはのんびり、あくまでもマイペースに！ する
と郵便屋さんのドタバタ感が引き立ちます。

10

♪さっきのてがみの ごようじなあに

くろやぎさんが歌いながら郵便屋さんへ一歩、にじり寄る。
郵便屋さんはびっくりする。

♪さっきのてがみの ごようじなあに

しろやぎさんも歌いながら郵便屋さんへ一歩近づく。

♪さっきのてがみの ごようじなあに

しろやぎさん・くろやぎさんがもう一歩郵便屋さん
へ近づく。

♪さっきのてがみの ごようじなあに

さらにしろやぎさん・くろやぎさんがもう一歩
郵便屋さんへ近づき2匹のやぎは郵便屋さん
を取り囲む。

♪ごようじなあに

♪ごようじなあに

11

♪さっきのてがみの
ごようじなあに

最初に手紙を出したしろやぎさんにご用事を聞く。

しろやぎ 「僕の誕生会の招待状だったんだよ！」

\ お誕生日おめでとう!! /

12

郵便屋さん そうだったの！
くろやぎ しろやぎさん、お誕生日おめでとう!!
しろやぎさんを囲んで、お祝いする。

おしまい

作り方

（しろやぎさんの耳と角）

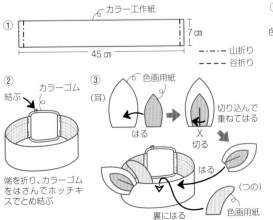

① カラー工作紙

7㎝
45㎝

-·-·- 山折り
------ 谷折り

② 結ぶ カラーゴム

端を折り、カラーゴム
をはさんでホッチキ
スでとめ結ぶ

③ （耳）色画用紙
はる
切り込みで重ねてはる
切る
はる
裏にはる （つの）色画用紙

（郵便屋さんの帽子）

① 27㎝
色画用紙
17㎝
4.5㎝
2㎝
はる 切り込みを入れる

はる
画用紙
片ダンボール

② やぎと同様に端を折り、カラーゴムを
はさんでホッチキスでとめ結ぶ
①
〒
4㎝
色画用紙
①を真ん中にはり、切り込みを
内側に折り返しはる

③ （つば）色画用紙
切り込みを入れる
8㎝
20㎝
折って
内側にはる
〒
②

43

ふしぎな布

1枚の布で不思議な展開が楽しめるシアターです。子どもを巻き込んで演じると盛り上がります。7パターンあるので、好きなものを選んで短くしてもいいですね。

準備するもの

ふしぎな布（厚手の布）
約：横140cm×縦200cm
（布の裏には、おめでとうの文字や絵をはる）

踏み台

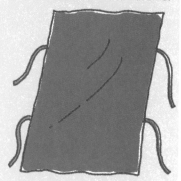

＊帽子やメガネなどを身につける。
＊プレゼント（イラストなど）をポケットに忍ばせておく。
＊踏み台を布の後ろに用意しておく。

作●金子しんぺい

消える

1 両脇の2人（Aさん・Bさん）が布を持ち、布の後ろの真ん中に1人（Cさん）が立つ。

Aさん あるところに、ふしぎな布がありました。

★ポイント★
このときの布の高さは、Cさんの腰の高さにしておきます。

2 **Aさん** この布を上にあげると……
Cさんは消えてしまいます。

Cさんはそのままで、A・BさんはCさんが頭まで完全に隠れる位置まで布を上げる。Cさんは布が上がりきったときにしゃがむ。A・BさんはCさんがしゃがんだのを横目で確認して布をはじめの高さ（1と同じ高さ）まで下げる。

★ポイント★
Cさんが床にはいつくばるくらいしゃがんで、布をもっと下げてもおもしろいです。Cさんが見えないギリギリを狙うと本当にいなくなったように見えます。

3

A・Bさんが再度布を上にあげ、Cさんは立つ。

Aさん もう一度上げると……
はい、元通り！

Cさんが立ったら、A・Bさんは布を下げる。

はい、元通り！

変わる

ジャーン!!

4 **Bさん**
それでは、Cさんの何かが変わります。
よーく見ててね。

布を上げる。Cさんは布で自分が隠れ
たら、帽子を外し、隠しておいたプレ
ゼントを手に持つ。

5 Cさんの姿を見せるように布を下げる。
Bさん ジャーン!!

再び布を上げる。Cさんは布で自分
が隠れたら、帽子とプレゼントを
持っている手を下に下げる。

はい、元通り!

6 Cさんの姿を見せるように布を下げる。
Bさん ジャーン!!

再び布を上げる。Cさんは布で自分が隠れたら、帽子と
メガネをかけ、プレゼントはポケットに隠す。

7 **Bさん** はい、元通り!

最後は、**1**と同じ見た目に戻る。

小さくなる

8

A・Bさんは布の上辺をCさんのあごにつけ、
Cさんの頭だけが布から出ている状態にする。

Aさん 次はみんなにも協力してもらうよ。
「ちいさくなーれ」って言ってね。
せーの!

みんな ちいさくなあれ、ちいさくなあれ、
ちいさくなあれ。

「ちいさくなーれ」の掛け声と同時にCさんは
ゆっくりしゃがむ。A・Bさんは、Cさんがしゃが
みきるところまで布を下げる。

Cさん ちっちゃくなっちゃった!!

ちっちゃくなっちゃった!!

★ポイント★

Cさんは、背筋を伸ばしたまま
しゃがむようにすると、縮んでい
るように見えます。
布の上辺がCさんのあごから離れ
ないように気をつけましょう。

大きくなる

10

Aさん 次は「大きくなあれ」だよ、せーの！

みんな 大きくなあれ、
大きくなあれ、
大きくなあれ。

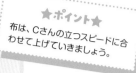
おっきくなっちゃった〜！

★ポイント★
布は、Cさんの立つスピードに合わせて上げていきましょう。

11

掛け声と同時にCさんはゆっくり立ち上がっていき、スタンバイしていた台に乗ってゆっくり立つ。布は、Cさんのあごについたままで上にあげていく。

Cさん おっきくなっちゃった〜！

12

Aさん 元に戻れ〜！

「元に戻れ〜！」を合図に、Cさんはしゃがみながら縮んでいき、台から降りる。A・Bさんはそれと同時に布を下げる。

かくれんぼ

13

Cさん ふしぎな布だなあ！
よーし、
こうなったら……。

Cさん、布の中にしゃがんで隠れる。

Bさん あれ？ Cさん、
どこへいった？？

え!? どこ??

★ポイント★
Bさんは、布と体の間に隙間を作ってあげましょう。そうするとCさんが顔を出したのがよく見えます。

★ポイント★
A・BさんはCさんの居場所に気がつかない演技を続けます。Cさんは、子どもたちに手を振ったりすると盛り上がります。

14

Cさん、Bさん側から横に顔を出し、また隠れる。

Bさん え!? どこ??

Cさんは、布の上から顔を出し、また隠れる。

Bさん え？ 上にいた??

追いかけっこ

＼捕まえてくるね！／

★ポイント★
Bさんは隠れる際、中に隠れているCさんにぶつからないよう気をつけましょう。

15

（Bさん）
Aさん、ちょっと布を持ってて。
この布の中に入って捕まえてくるね！

Aさんは両手を広げて1人で布を持つ。
布がめくれないように布の下を踏んでおく。

＼あれ！？　いない／

＼どこにいったのー？／

16

Bさんは、Cさんを探しにいくように下手側から布の中へ隠れる。

（Bさん）　あれ!?　いない。

CさんはBさんが布の中に入ってきたら、Bさんが入ってきた方とは逆側（上手）に飛び出す。

（Cさん）　つかまらないもんねー！

Cさんは、下手の方から布の中へ隠れる。

17

Bさんは、Cさんを追いかけるように上手側に飛び出す。

（Bさん）
どこにいったのー？

16〜17のやり取りをもう一度行う。

★ポイント★
Bさんは、「いた??」など、子どもと会話しながら追いかけっこをすると楽しいです。

瞬間移動

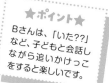

＼こっちかなあ？／

＼一緒に探そう！　こっちかな!?／

★ポイント★
布の横についているひもを引っ張りながら移動すれば、布がめくれて隠れている人が見えたりすることがありません。
隠れ場所が布と重なる瞬間を狙って、子どもたちに見えないように隠れましょう。この時、「大きくなる」で使った台も一緒に持っていきましょう。

18

（Bさん）
なかなか捕まえられない〜！

（Aさん）
一緒に探そう！　こっちかな!?
どこに行ったんだろう!?
こっちかなあ？

A・Bさんで布を持ち、Cさんを探す演技をしながら左右に移動する。Cさんは自分の姿が見えないように布の後ろに隠れながら踏み台を持って一緒に移動する。そして子どもに気づかれないようにピアノなどの陰に隠れる。

あっ!!
いない!?

19

Bさん　あっ!!　この布の後ろに
いるんじゃないのかな。
よーし、それ！

A・Bさんは、布でCさんを
捕まえようにする。

Aさん　あれ!?　いない!?
どうしよう!?

★ポイント★

Cさんは隠れた場所から移動して
びっくりするような場所から登場
すると盛り上がります。例／見て
いる人の後ろの扉からなど。

20

Bさん　Cさんの名前を呼べば
Cさんが登場するかもしれない！
せーの！　Cさーん！

Aさん　はーい!!　ここだよ！

はーい!!　ここだよ！

お誕生日おめでとう〜!!

22

Bさん　あれ、Aさん！
布がなんか変だよ！

布を裏返す。

Aさん　わあ！『おめでとう』って
書いてあるよ！

みんなでお誕生日の歌をうたう。
♪ハッピーバースデイ　トゥーユー
　ハッピーバースデイ　トゥーユー
　ハッピーバースデイ　ディア　〇〇さん
　ハッピーバースデイ　トゥーユー

みんな　〇〇さんお誕生日おめでとう〜 !!

おしまい

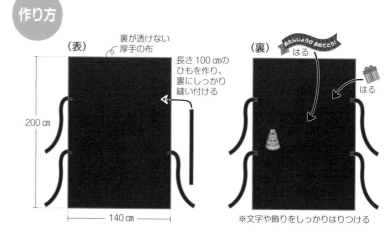

大きくなるしかけ

踏み台などに乗って、大きくなったように見せる。

作り方

（表）
裏が透けない
厚手の布

長さ100cmの
ひもを作り、
裏にしっかり
縫い付ける

200cm

140cm

（裏）
おたんじょうび おめでとう！
はる

はる

※文字や飾りをしっかりはりつける

失敗しない！ かんたんマジック

難しい仕掛けがないから、失敗なし！
らくらく演じられてあっと驚くマジックです。
身近なもので作れるマジックグッズで準備も簡単です。

不思議な紙コップ

準備も演じるのも超簡単なマジック!!
子どもたちにも挑戦してもらうと
不思議さも倍増します。

準備
するもの

紙コップ

紙皿

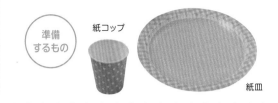

---

1 ここにある紙コップと紙皿で
マジックをします。

紙皿と紙コップを見せる。

> マジックで使う
> 紙皿に色画用紙
> で作ったケーキ
> を乗せて、誕生
> 会の雰囲気を盛
> り上げましょう。

マジックの
始まり始まり!

2 では、紙コップを
この紙皿の縁に
立たせて見せます!!

紙皿の縁になか
なか立てられな
いふりをする。

うーん

---

3 ジャーン!!
なんと、紙コップが落ちません!!

紙皿にコップが
立ったところを
見せる。

ジャーン!!

4 じゃあ、
誰かに挑戦してもらおうかな。

使った紙皿を子どもに渡してやってもらう。

載るかなあ〜

あー、落ちちゃう!!

タネあかし

紙皿を持っている手
の親指を伸ばして、
紙コップの底を支え
ます。

魔法の筒！

魔法の筒をかぶせると、なんと花束に変身！
作るのも演じるのも簡単で
お誕生会にぴったりのマジックです。

案●加藤みきお（鈴鹿野郎舞一座）

魔法の筒

花束

ペットボトル

（作り方）

●魔法の筒
カラー工作紙を丸めて両面テープで留め、両端にホログラムテープを巻く。
●ペットボトル／花束
ペットボトルの底を切り取り、花束が外から見えないように入れておく。花束はフラワー紙や造花を利用して作ると簡単。

★ポイント★
取り出しやすく、落ちない大きさの花束にしておくことがポイントです！

1 ここに魔法の筒があります。

片手にペットボトル、もう片方の手に魔法の筒を持つ。筒の中に何も入っていないことを見せる。

2 この飲み物に魔法の筒をかぶせます。

ペットボトルの下から魔法の筒をかぶせる。

3 おまじないをかけると、ちちんぷいぷい！　えい！

おまじないをかけるポーズ。

ちちん
ぷいぷい！

4 わあ！　きれいな花束になりました。

魔法の筒の下側から手を入れ、花束を出す。

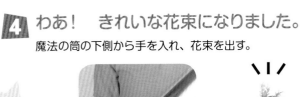

タネあかし

ペットボトルの口の中に人さし指を入れて、魔法の筒と一緒に持ち、底から花束を引っ張り出します。

★ポイント★

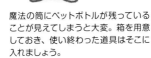

魔法の筒にペットボトルが残っていることが見えてしまうと大変。箱を用意しておき、使い終わった道具はそこに入れましょう。

ミラクル
パワーカード

どのカードを選んだのかぴたっと当てる
不思議なマジック!
打ち合わせをちゃんとしておけば
失敗のない簡単なマジックです。

準備するもの

クラッカーの
カード

プレゼントの
カード

ケーキの
カード

作り方

色の違う色画用紙に、
拡大コピーしたイラス
トをそれぞれはる。

1

ここに3枚の
カードがあります。

子どもたちにカードを
見せる。

らくらく拡大コピー

※400%に拡大して使ってください。

クラッカー

プレゼント

2

このカードの中から
好きなカードを選んでください。

子どもにカードを渡して1枚好きなカードを選ん
でもらう。保育者は、後ろを向いて目をつぶる。

好きなカードを
選んでください

3

選んだカードを
みんなに
見せてください。

子どもが選んだカードを
観客に見せる。

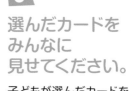

4 どのカードを選んだか、当てます！
う～ん、どれかなあ？
これですね!!

子どもが選んだカードを観客に見せる。

これですね!!

う～ん、
どれかなあ？

 タネあかし

サポートする保育者が演じている保育者に
サインを出して当りのカードを知らせます。

**サポートする
保育者が
1人の場合**

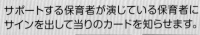

 ① ② ③

カードの番号を決
めておき、指でサ
インを出してもら
います。

**サポートする
保育者が
3人いる場合**

① ② ③

誰がどのカードで
サインを出すかを
決めておきます。

うーん…
どれかなぁ？

ケーキ

53

プレゼントが いっぱい！

小さいプレゼントを重ねていき、
おまじないをかけると……。
あっという間に1枚の大きな紙に!!
おもちゃがたくさん飛び出します！

案●加藤みきお（鈴鹿野郎舞一座）

準備するもの

ネタカード

プレゼントカード

カードの重ね方
（上から見たところ）

観客
　　プレゼント
　—— カード（1枚）
　　　ネタカード（大）
　<　　プレゼント
　　　カード（5枚）

1 ここにプレゼントがあります。
こんな小さなプレゼントもあります。
こんな形のプレゼントも。こんなのもあるよ。

右上の図のように重ねたカードを持つ。
次に、重ねてあるプレゼントカードを1枚ずつ観客側に送っていく。
最後は、プレゼントカードが全て観客側にいき、ネタカードが手前にくるようにする。

らくらく拡大コピー

※400%に拡大して使ってください。

ネタカード

2 これを二つに折って、
おまじないをかけます。
ちちんぷいぷいのぷい!!

ネタカードとプレゼントカード（6枚）を一緒に絵を外側にして二つに折り、おまじないをかける。

ちちんぷいぷいの
ぷい!!

54

3

あれ!?

あれ!?

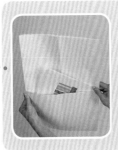

2で二つ折りにしたことろから、次にプレゼントカードの絵の面が自分のほう
に向くように広げる。ネタカードの裏（白い面）を見せるようにどんどん広げ
ていく。

4

ネタカードの表（絵をはった面）を見せる。

ジャーン！　広げたら1枚の大きな紙になりました!! こんなにたくさんのプレゼントが出てきたよ！ 裏には何もありません。

裏に何もないことを見せる。

ジャーン!!

ネタカードを持ってい
る両手を左右に引っぱ
り、ポケットが開かな
いようにして、裏に何
もないことを見せます。

（プレゼントカード・6枚）

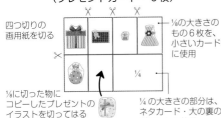

四つ切りの
画用紙を切る

⅛の大きさの
ものを6枚を、
小さいカード
に使用

⅛に切った物に
コピーしたプレゼントの
イラストを切ってはる

¼の大きさの部分は、
ネタカード・大の裏の
ポケットに使用

（ネタカード・大）

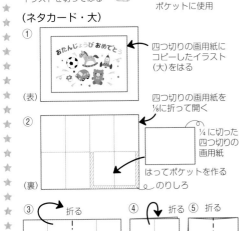

①
四つ切りの画用紙に
コピーしたイラスト
（大）をはる

（表）

②
四つ切りの画用紙を
⅛に折って開く

¼に切った
四つ切りの
画用紙

はってポケットを作る

のりしろ

（裏）

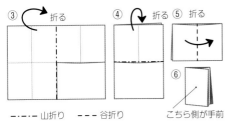

③ 折る　④ 折る　⑤ 折る

⑥
こちら側が手前

—·—·— 山折り　---- 谷折り

★ポイント★
ネタカードを開くときは、
真ん中の折り筋の部分を
押さえるように持ち、両手
を左右に引っぱり紙がピン
とはるようにすると、ポ
ケットの口が目立ちません。

プレゼントカード

ぱらぱら マジックノート

真っ白なノートをめくるとびっくり！
ケーキが現れたり色がついたりします。

案●加藤みきお（鈴鹿野郎舞一座）

準備
するもの

マジックノート

黒とカラーのフェルトペン

1 タネもしかけもない ノートです！

表紙と白いページを見せる。

タネもしかけもない
ノートです！

2 今日は お誕生日会だから ケーキを 描いてみます!!

黒いフェルトペンを使って、
ノートの表紙に絵を描くまね
をする。

3 ケーキができました！

ぱらぱらページをめくる。

らくらく拡大コピー

※400%に拡大して使ってください。

ケーキ（モノクロ）

ケーキ（カラー）

4 色をつけたほうが おいしそうだから 塗ってみます！

カラーのフェルトペンを
使ってノートの表紙に色
をつけるまねをする。

5 ほら！ 色がついて おいしそうなケーキになりました!!

ぱらぱらページをめくる。

ムシャムシャ

6

おいしそうだから 食べちゃお! ムシャムシャ。

保育者が食べるまねを する。誕生児にも食べ るまねをしてもらって もOK。

7 食べたらなくなりました！

ぱらぱらページをめくる。

食べたら なくなりました！

タネあかし

ノートの端に、観客からわからないくらいのへこみを 作っておきます。

作り方

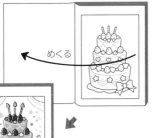

① スケッチブックの 右ページにモノクロ、 カラー、はらないページ という順番にケーキの イラストをはっていく。

めくる

②

モノクロのケーキ のイラストをはっ たページは**A**の部 分以外を切り取る

カラーのケーキの イラストをはった ページは**B**の部分 以外を切り取る

何もはらないペー ジは**C**の部分以外 を切り取る

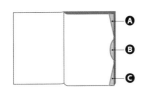

A
B
C

めくり方

モノクロの ケーキを 出すとき	カラーの ケーキを 出すとき	白い ページを 出すとき
Aの部分を押さえ ながら、ぱらぱら めくります。	Bの部分を押さえ ながら、ぱらぱら めくります。	Cの部分を押さえ ながら、ぱらぱら めくります。

ぶたくんと パンダさん!!

ぶたくんとパンダさんが一瞬で入れ換わる!!
小さい子向けの簡単なマジックです。

案●加藤みきお（鈴鹿野郎舞一座）

準備するもの

ぶたくん （表）（裏）

パンダさん

作り方

切る → 裏返す
コピーしたぶたさんを工作紙の裏にはったもの

はる →
コピーして切ったパンダさん

1 保育者 ぶたくんがあそびに来てくれたよ！
ぶたくん こんにちは！
片手で持ち、ぶたくんの面を見せる。

★ポイント★
指でつまむようにして持つと、回転しやすく、裏返すのが簡単になります。

---

2 保育者 あれ!?
ぶたくんがいなくなっちゃった！
後ろに隠す。

後ろで素早く裏返して、もう片方の手に持ち替えます。

★ポイント★
裏が見えないように人形を平行に移動させることが大切です。

---

3 パンダさん ぶたくん、お誕生日おめでとう!!
保育者 あっ、パンダさんがプレゼントを持ってお祝いにきてくれたよ！
パンダさんが見えるように前に出す。

ぶたくん、お誕生日おめでとう!!

★ポイント★
後ろを向くときは、人形を体の前で持って1度隠してから向きを変える。それからパンダが見えるように横に出す。前を向くときも体で隠すように持ち、向きを変えます。

---

4 保育者 どこにいったの？
後ろにもいないね。
後ろを向いて、何も隠していないことを見せる。

---

5 パンダさん ぶたくん、どこ〜？
前を向いたら、もう一度後ろに隠す。パンダさんを後ろに隠し、ぶたくんが見えるように前に出す。

※1〜5を何度か繰り返し、最後にぶたくんを出してみんなでお祝いをする。

6

パンダさん 私、もう帰らないといけないからみんなからお祝いを伝えてもらっていい？お願いね。じゃあ、バイバイ！
保育者 ぶたくん、お誕生日おめでとう！
ぶたくん みんなありがとう!! 今度パンダさんに会えたらお礼を伝えるね。

らくらく拡大コピー

※300％に拡大して使ってください。

ぶたくん

パンダさん

みんなで歌える！

誕生日の歌

お誕生会や、子どものお誕生日を祝うときに、
みんなでうたえる歌を集めました。
伴奏付きの楽譜を掲載しています。

ベーシックな誕生日ソング

お誕生日のうた

作詞・作曲／Patty S. Hill、Mildred J. Hill
訳詞／丘 灯至夫　編曲／森光 明

1オクターブと音域が広い曲ですが、短い曲なので、年齢の低い子もお祝いに来た保護者も、すぐに歌うことができます。誕生会に参加している人みんなでお祝いの歌を贈るのもいいですね。

ハッピー・バースデー・トゥ・ユー

作詞・作曲／Patty S. Hill、Mildred J. Hill 夫
編曲／森光 明

上の「お誕生日のうた」と同じ曲の英語バージョン。最後を和音で盛り上げるアレンジにしました。

簡単

たんじょうび

作詞／与田 準一　作曲／酒田 富治
編曲／森光 明

誕生会のときに、誕生児が前に出て、みんなでお祝いにうたう歌です。歌詞の「あたし」を「○○ちゃん」に替えて一人一人をお祝いしたり、歌に合わせて手拍子をしてリズムよく歌ったり。誕生児みんなが主役の誕生会。短い歌なので、年齢の低い子もうたいやすいでしょう。最後には「おめでとう」と大きな声で言ってお祝いするのもいいですね。

簡単

誕生日のうた

作詞／まき みのり　作曲／峯 陽夫
編曲／森光 明

歌詞の「たかしちゃん」は誕生児の名前を一人一人当てはめて歌います。誕生児が複数いるときは、「たんじょうびおめでとう ○○ちゃんおめでとう」の部分を繰り返し歌ってお祝いしましょう。「どんどんのびて」の部分は、保育者が抱き上げてあげると、子どもたちは大喜び。子どもたちの成長をお祝いしてあげましょう。

みんなでたんじょうび

作詞／伊藤 アキラ　作曲／小林 亜星　編曲／森光 明

誕生児が前に出て、その子の歳と同じ数の手拍子をすることで、お祝いする人みんなが参加できる歌です。歌の最後には、たくさん手拍子をすることで誕生会が盛り上がります。歌詞の「ぼくの」や「わたしの」を「○○ちゃんの」と誕生児の名前に替えて、その子だけのオリジナルの歌にしてお祝いしてもいいですね。

だれにだって おたんじょうび

作詞／一樹 和美　上柴 はじめ　作曲／上柴 はじめ　編曲／森光 明

歌詞の「あっちゃん」や「しんちゃん」は、誕生児の名前に替えて歌うといいでしょう。曲の途中で「イエィ！」や「おめでとう！」などのかけ声が入るので、元気よくうたうことができる歌です。また、誕生児だけではなく、ほかの月に生まれた子も返事をして参加できる歌なので、大きな声で「ハーイ！」と言って、年に一回の素敵な日をお祝いしましょう。

おたんじょうび うれしいな

作詞／山口 たかし　高田 さとし　作曲／鈴木 翼
編曲／森光 明

普通

誕生会にぴったりの手あそびです。簡単な手あそびなので、年齢の低い子から楽しむことができ、誕生児は自分の歳と同じ数のろうそくがついたり消えたりするのを楽しむことができます。最後の「あれ？　またついた」を何度も繰り返すと、子どもたちは大喜び。子どもたちの笑い声と一緒に、誕生会を盛り上げましょう。

手あそび

1 ♪1さいの
　　おたんじょうび

右手の指を1本出し、
左右に振る。

2 ♪ろうそく 1ぽん
　　つけて

左手で同様に。

3 ♪おめでとう
　　おめでとう

手拍子をする。

4 ♪1さい
　　うれしいな

右手の指を1本出し、
左右に振る。

5 （ふぅー）

息を吹きかけると
同時に指を隠す。

6 「あれ?」
　　♪またついた

左手の指を1本出す。

7 （ふぅー）

5と反対の手で同様に。

※出す指は、年齢に
　合わせてあそぶ。

お誕生会を盛り上げる！
飾りとカード

お誕生会に華を添える会場の飾りに、
お祝いセレモニーのケーキや王冠、プレゼントのカードなど、
楽しいアイディアを盛りだくさんでご紹介します。

おめでとう

紙ナプキンのお花は、先端を
山形に切ると豪華になります。

▲▲▲▲▲▲▲▲▲▲▲▲▲▲

グラデーションで
レインボーチェーン

型紙 **113ページ** に型紙があります。

大きな立体のリボンがポイントのリースに輪つなぎの飾りを添えました。

輪は多色使いでカラフルにつなぐのもすてきですが、色を統一して、列

ごとに変えるのもすてきです。子どもたちと一緒に作ってもいいですね。

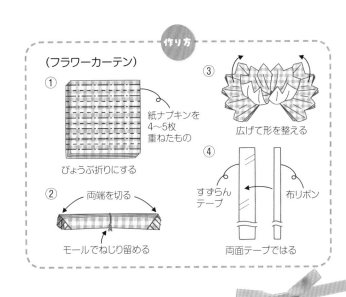

▲▲▲▲▲▲▲▲▲▲▲▲▲▲▲

記念撮影にも
リボンのフラワーカーテン

びょうぶ折りで作るおなじみのお花も、紙ナプキンで

作ると大きく、華やかに出来上がります。すずらんテー

プに布リボンをはってカーテンのように飾り、ちょっと

特別感を出しました。

作り方

（フラワーカーテン）

① 紙ナプキンを4～5枚重ねたもの
びょうぶ折りにする

② 両端を切る
モールでねじり留める

③ 広げて形を整える

④ すずらんテープ　布リボン
両面テープではる

飾りとカード

つなぎ飾り3種

ステージや会場の周囲、ポイント的な飾りにも活躍するつなぎ飾りです。

リボンフリンジ飾り ▲▲▲▲▲▲▲▲▲▲

不織布を細長くつないで切込みを入れ、くるくるねじりました。

作り方

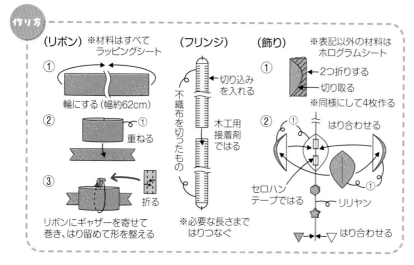

（リボン）※材料はすべて
ラッピングシート

① 輪にする（幅約62cm）

② 重ねる

③ リボンにギャザーを寄せて
巻き、はり留めて形を整える
折る

（フリンジ）
切り込み
を入れる

不織布を切ったもの

木工用
接着剤
ではる

※必要な長さまで
はりつなぐ

（飾り）※表記以外の材料は
ホログラムシート

① 2つ折りする
切り取る
※同様にして4枚作る

② はり合わせる

セロハン
テープではる
リリヤン

はり合わせる

ワンポイントの輪飾り ▲▲▲▲▲▲▲▲▲

カラフルな輪つなぎの途中に、切り紙の花をつないでポイントにしています。

作り方

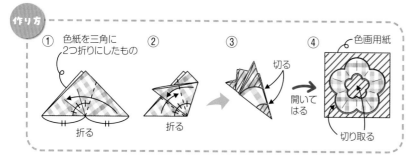

① 色紙を三角に
2つ折りにしたもの
折る

② 折る

③ 切る

④ 色画用紙
開いて
はる
切り取る

スイーツ飾り ▲▲▲▲▲▲▲▲▲▲▲▲

立体に作ったケーキやアイスクリームをガーランドのように飾りました。
プレゼントボックスも加えてわくわく感をアップ。

作り方

（アイスクリーム）
フラワー紙
包む
載せて
セロハン
テープで
はる
丸めた
フラワー紙
色画用紙を
丸めた物
描く

（ケーキ）
ボン天
多用途
接着剤
ではる
毛糸の
ポンポン
アイスクリーム
と同様にして
作ったもの
おかずカップ

（星）
切り込んで折り上げる
色画用紙

プレゼントは箱を
カラフルな色紙で
包んでリボンを掛
けました。

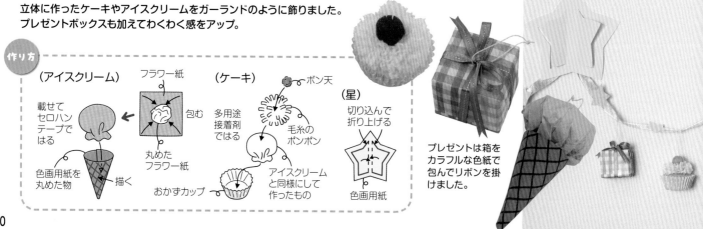

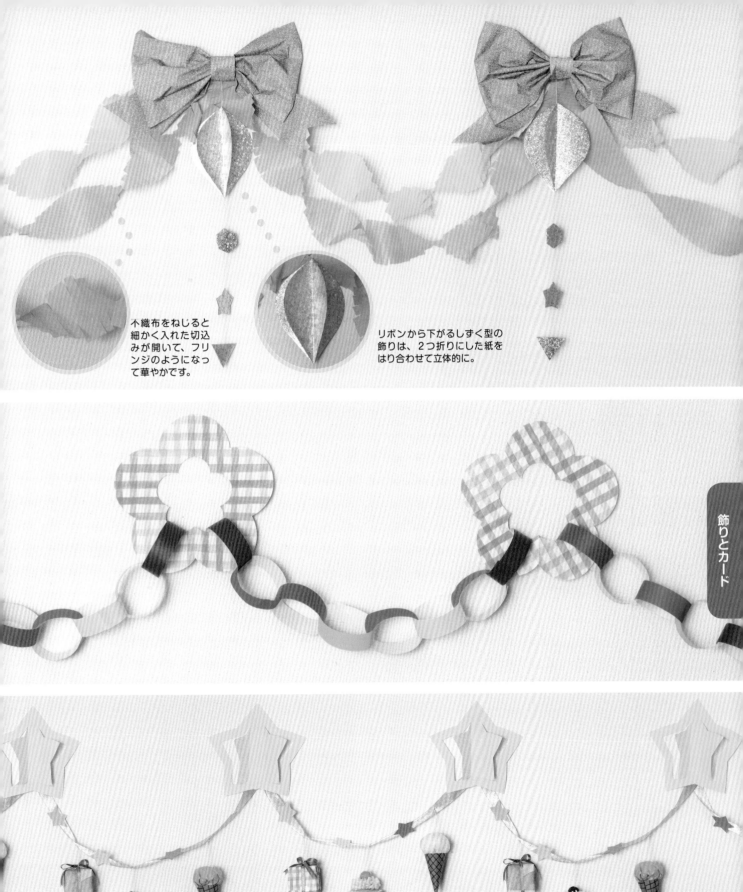

不織布をねじると
細かく入れた切込
みが開いて、フリ
ンジのようになっ
て華やかです。

リボンから下がるしずく型の
飾りは、2つ折りにした紙を
はり合わせて立体的に。

飾りとカード

クラッカーでお祝い
記念撮影コーナー

お誕生日の記念撮影用のステージです。クマを段ボール箱に
はって手前に出し、立体的なスペースを作りました。いつもと
は違う特別感が味わえるように、お立ち台も用意しました。

型紙 114ページ
に型紙があります。

作り方

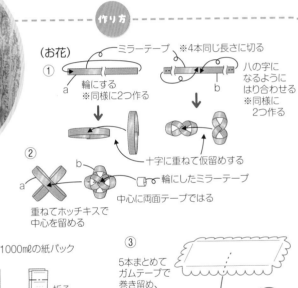

（お花）
① ミラーテープ ※4本同じ長さに切る
a
輪にする
※同様に2つ作る
b
八の字に
なるように
はり合わせる
※同様に
2つ作る

十字に重ねて仮留めする

② 輪にしたミラーテープ
a b
中心に両面テープではる
重ねてホッチキスで
中心を留める

（お立ち台）
① 1000mℓの紙パック
中に押し
込んで
折り畳む
折る
③ 5本まとめて
ガムテープで
巻き留め、
色画用紙で
包む

② ①を
5〜6個
詰める
4か所
切り込んで
折って
ふたをする
1000mℓの
紙パック
※同様にして
5本作る

② お花の①と
同様に
作った物
台の正面にはる
輪にした
ミラーテープ
中心にホッチキスで留める

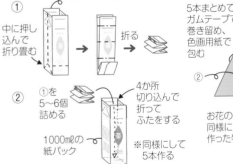

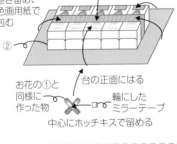

紙パックをつないでお花で
飾ったお立ち台。乗っても潰
れないように、中に折り畳ん
だ紙パックを詰めています。

飾りとカード

ケーキの窓から
おめでとう!

大きなケーキの窓からにっこり!　ケーキの

中に入ったみたいで子どもたちは大喜びです。

段ボール板で作ったケーキは上からつって、

子どの身長に合わせて高さを調節します。

型紙 115ページ

に型紙があります。

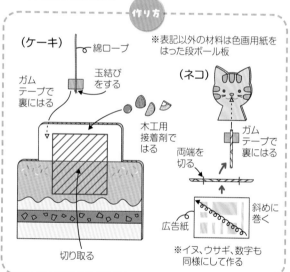

作り方

※表記以外の材料は色画用紙を はった段ボール板

（ケーキ）

綿ロープ

玉結び をする

ガム テープで 裏にはる

木工用 接着剤で はる

切り取る

（ネコ）

ガム テープで 裏にはる

両端を 切る

広告紙

斜めに 巻く

※イヌ、ウサギ、数字も 同様にして作る

ケーキをつり下げる のが難しい場合は段 ボール箱におもりを 入れてケーキにはり、 立てておけるように 作ります。

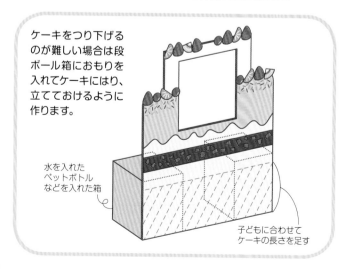

水を入れた ペットボトル などを入れた箱

子どもに合わせて ケーキの長さを足す

ウサギやイヌ、ネコなど、子どもた ちの好きな動物を用意して、一緒に 撮影できるようにしました。年齢も 子どもに合わせて差し替えましょう。

おたんじょうび　おめでとう!

カードなどにはってプレゼント。ケーキの 部分で切り取ると楽しい写真になります。

動物や年齢には、細く巻いた広告紙を裏にはり、段ボール板の目に差し込めるように作ります。

シュルシュル飛び出す
びっくりケーキ

おめでとう！　と運ばれたケーキを持ち上げると、中から
紙テープがシュルシュルシュル……！　あとからあとから、
どんどん出てくるびっくりケーキです。

紙テープと一緒に、おめでとうのメッ
セージフラッグも飛び出します。

ケーキの中に、芯を抜いた紙テープの外側をセロハンテープではって固定します。抜いた芯は中央から引き出した紙テープの先にはって、落ちるときの重りにします。

クリームは100円ショップなどで購入できる「デコホイップ」や綿ロープで、カラフルな飾りやろうそくは、くるくる巻いたフェルトで作りました。ベースには洗面器を使っています。

1
洗面器にデコホイップでクリームを付け、よく乾かして固めます。

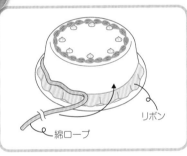

2
綿ロープやリボンを接着剤ではって飾ります。

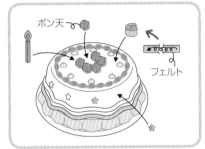

3
ボン天やシールを使って自由に飾り、フェルトを巻いて作ったろうそくを立てます。

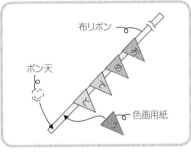

4
色画用紙を切ってリボンにはり、おめでとうのフラッグを作ります。

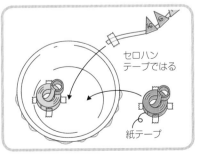

5
芯を抜いた紙テープとおめでとうのフラッグをケーキの中にはります。

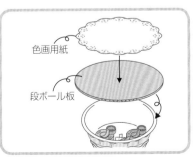

6
ケーキより一回り大きく丸く切った段ボール板にレースペーパーや切り紙した色紙を重ねてお皿を作り、5のケーキにふたをします。

飾りとカード

デコレーションパネルケーキ

お誕生児が好きなものでいっぱいに飾れるケーキです。パ
ネルシアターの手法を使って、パネルのケーキにクリーム
やフルーツをはって、豪華なケーキを作りましょう!

段ボール板にパネル布を
はって、スポンジ部分を
作って用意します。

クリームやフルーツなどの飾り
は、不織布にフェルトをはって
作っています。

作り方

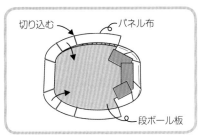

1
段ボール板に一回り
大きなパネル布をは
り、余分は折ってガ
ムテープではり留め
ます。

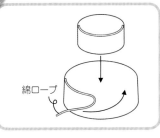

2
1を表に返し、立体的に
見えるように、細めの綿
ロープを木工用接着剤で
はって、ラインを入れます。
同様にもう1枚作り、2枚
を重ねて2段のスポンジ
ケーキを作ります。

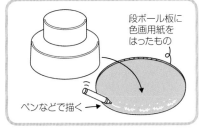

3
段ボール板に色画用
紙をはってケーキの
お皿を作り、2のス
ポンジケーキを載せ
てはります。

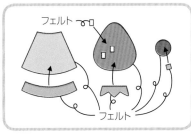

4
フェルトを切ってはり
合わせ、イチゴや
メロン、ろうそくな
どの飾りを作りま
す。

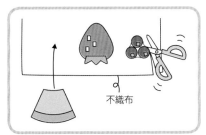

5
不織布にファルトで
作った飾りやリボン
などをはり、切り取
ります。

6
飾りは、不織布に
直接描いたり、色
を塗ったり、色画用
紙をはったりしても
作れます。

みんなで作るお祝いケーキ

お誕生日のセレモニーに使うケーキを、子どもたちがみん

なで作って用意しても楽しいですね。空き箱を2つ重ねた

ベースに、紙粘土やフェルトで作った飾りやボン天、ビーズ

などを使って自由に飾りました。

お誕生会や子ども一人一人のお誕生日にはローソクを立てて、ふーっと吹き消すイベントも！

作り方

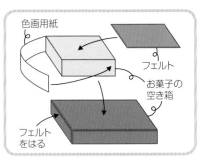

色画用紙
フェルト
お菓子の空き箱
フェルトをはる

1

お菓子などの空き箱に色画用紙やフェルトをはり、2つ重ねてベースを作ります。

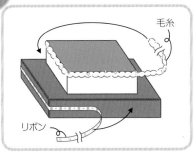

毛糸
リボン

2

サイドにリボンや毛糸などをはります。子どもがはる場合は、両面テープをはって用意しておくとはりやすいでしょう。

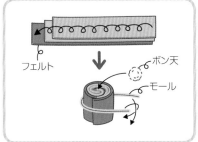

フェルト
ボン天
モール

3

フェルトを2〜3枚重ね、くるくると巻き、モールを巻いて留めます。上にボン天をはってもいいでしょう。

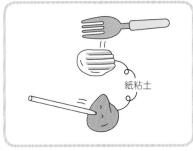

紙粘土

4

紙粘土は丸めてイチゴにしたり、フォークでつぶしてクリームにしたり。子どもたちの好きな形に作ってもらいます。

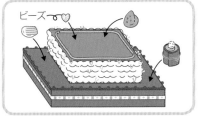

ビーズ

5

ボン天やビーズなどもたくさん用意して、みんなで自由に飾り付けます。接着には木工用接着剤を使います。

※取れやすいものは後で保育者がグルーガンなどを使って留めるなど、フォローしましょう。

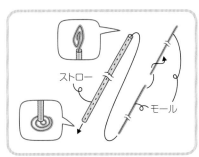

ストロー
モール

6

細いろうそくはストローに2本つないだモールを通し、上と下をそれぞれ炎の形と渦巻状にして形を整えます。

ポンポン冠

カラフルに作った毛糸のポンポンをたくさん載せた冠です。ダイヤや丸い形に切った厚紙をしわをつけたキラキラの色紙で包んだ飾りもはって、豪華に作りました。

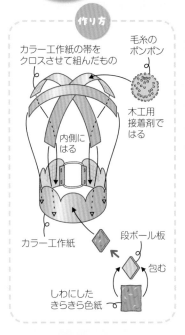

カラー工作紙の帯を
クロスさせて組んだもの

毛糸の
ポンポン

内側に
はる

木工用
接着剤で
はる

カラー工作紙

段ボール板

しわにした
きらきら色紙

包む

クロスさせたカラー工作紙をベースにして、
ポンポンをはっています。

ポイントのダイヤや
ハートの形は切り抜
いて、裏からキラキラ
の紙をはっています。

三つ編みのポイント冠

太めの綿ロープ3色を、三つ編みにして縁飾りにしました。
市販の立体シールをはってポップに仕上げましょう。

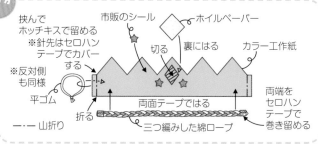

挟んで
ホッチキスで留める
※針先はセロハン
テープでカバー
する

市販のシール

ホイルペーパー

切る

裏にはる

カラー工作紙

※反対側
も同様

平ゴム

折る

両面テープではる

両端を
セロハン
テープで
巻き留める

―・― 山折り

三つ編みした綿ロープ

デコレーションケーキ冠

ケーキの写真を切り抜いて作った冠は、簡単に作れてとってもおいしそう！　色画用紙のガーランドをはったり、シールをはったりして飾っています。

111ページにコピーして使えるケーキの写真があります。

作り方

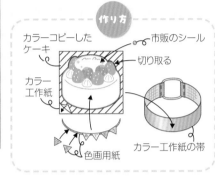

カラーコピーした
ケーキ

市販のシール

切り取る

カラー
工作紙

カラー工作紙の帯

色画用紙

花は丸い紙に渦巻状に切り込みを入れ、端からギャザーを寄せて作ります。

ホワイトフラワー冠

キラキラ素材の紙をはった冠に、色紙で作ったお花を飾った冠です。白っぽいお花で統一して、ちょっぴり大人な雰囲気に仕上げました。

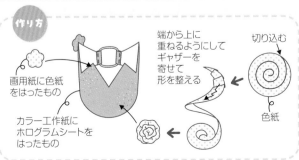

作り方

画用紙に色紙
をはったもの

端から上に
重ねるようにして
ギャザーを
寄せて
形を整える

切り込む

カラー工作紙に
ホログラムシートを
はったもの

色紙

飾りとプレゼント

83

▲▲▲▲▲▲▲▲▲▲▲▲▲▲▲

大好き！ フルーツカード

かわいいフルーツのカードを開くと、動物さんがにっこり
おめでとう！ おいしそうなフルーツは、子どもの好きな
ものや季節に合わせて作るといいですね。

型紙 116ページ
に型紙があります。

おたんじょうび
おめでとう

れおさん
10がつ18にちうまれ

しんちょう 96センチメートル
たいじゅう 15キログラム

おうたがじょうずな れおさん
また みんなに すてきなうたを
きかせてね！
はずきせんせいより

おたんじょうび
おめでとう

りんさん
4がつ15にちうまれ

しんちょう 95センチメートル
たいじゅう 13キログラム

おにあそびがすきなりんさん
これからもみんなとたくさん
あそぼうね！ ゆきせんせいより

3さい

3さい

動物さんのバックには、
柄の色紙をはっています。

裏面には、記念の手形をは
ります。手形の代わりに写
真にしてもいいですね。

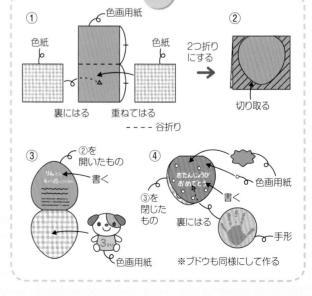

作り方

① 色画用紙
色紙 色紙

裏にはる 重ねてはる
---- 谷折り

② 2つ折り
にする →

切り取る

③ ②を
開いたもの

りんさん
4がつ15にちうまれ

書く

②を
閉じたもの

色画用紙

3さい

④ おたんじょうび
おめでとう

色画用紙

書く

③を
閉じた
もの

裏にはる

手形

※ブドウも同様にして作る

子どもの好きな色や
モチーフで作ると楽し
いカードになります。

ペタペタ リースカード

結んだリボンをポイントに、市販のシールを使っ
てにぎやかに飾ったリースです。丸く切った窓か
ら子どもの顔が見えるように写真をはりました。

かなこさん

すきなたべもの

りんご

しんちょう

103

センチメートル

たいじゅう

16

キログラム

りす

すきな
どうぶつ

おおきくなったら

ぱんや
さん

になりたい

すきなあそび

おに
ごっこ

いつも げんきな かなこさん
たくさん あそんで おおきくなってね

4 がつ
27 にち
うまれ

4 さい

おたんじょうび おめでとう

作り方

① はり合わせる
のり代
色画用紙
切り抜く
市販の飾り
木工用接着剤ではる
市販のキラキラシール
ちょう結びした布リボン

② ①を開いたもの
手形
型抜きした色紙
子どもの写真
裏にはる

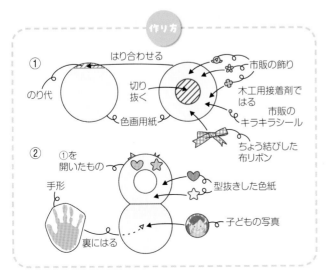

裏面の手形は、別の紙に
押したものを切り抜いて
はっています。

ハートの恐竜カード

恐竜さんが抱えたハートは取り外しができるように作り、裏にはおめでとうのメッセージを添えてプレゼント！　シンプルでかわいいカードです。

**117ページ**に型紙があります。

恐竜の手を少し浮かせてはり、ハートのカードを挟んでいます。

いつも にこにこしている
はやとさんのえがおが
だいすきです
せんせいより

おめでとうのメッセージカードは、枚数を増やしても。

作り方

※材料はすべて色画用紙

① 半分だけのり付けする
※反対側も同様
裏にはる

② 書く
はやとさん2さい
手に差し込む
手形
裏にはる

86

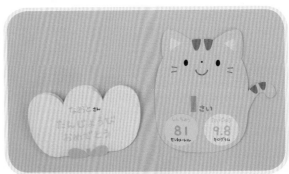

身長や体重のなどの
記録を添えて。お祝
いのメッセージなどを
書いてもいいですね。

お花ポケットの 動物さんカード

お花から顔を出した姿がキュートな

カードです。色画用紙をはり合わせ

て、ポケット状に作ったお花に動物

さんを入れました。

 117ページ に型紙があります。

作り方

①

書く

なおとさん
たんじょうび
おめでとう

のり付けする　　重ねてはる

② ※材料はすべて色画用紙

書く → 81

9.8

裏にはる

手形

※ウサギも同様にして作る

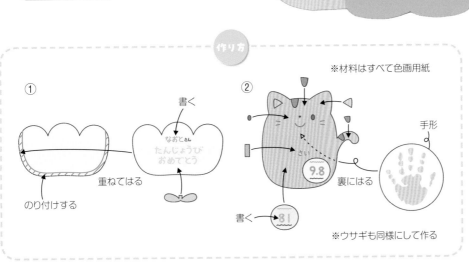

6がつ12にちうまれ

ぱっと開いて
おめでとうフラワーカード

折り畳んだ花びらを開くと、メッセージいっぱいの大きなお花が咲くカードです。花びらの何枚かには柄の色紙をはって、折り畳んだときのポイントになるようにしています。

型紙　**118ページ**
に型紙があります。

裏には手形と、花びらを折り畳んだときにちらりと見える葉っぱをはっています。

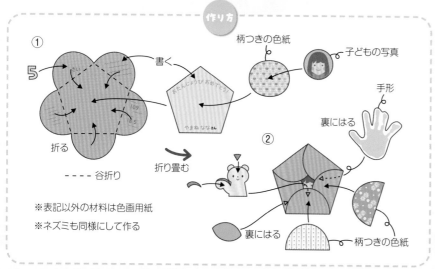

作り方

①

5

書く

折る

---- 谷折り

折り畳む

②

柄つきの色紙

子どもの写真

手形

裏にはる

裏にはる

柄つきの色紙

※表記以外の材料は色画用紙

※ネズミも同様にして作る

動物や花の色、色紙の柄でバリエーションをつけます。

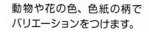

カップケーキカード

カラフルでかわいいカップケーキのカードは
小さめサイズで作りました。裏側は同じ型紙
で色違いに。カラフルに作ると楽しいですね。

型紙 118ページ
に型紙があります。

かとう
せいりゅうさん

チョコのカッ
プケーキもお
いしそう！

いしかわ
みくさん

飾りとカード

おたんじょうび
おめでとう

しんちょう
115 センチメートル

おたんじょうび
おめでとう

しんちょう
115 センチメートル

たいじゅう
20 キログラム

うたのじょうずな
せいりゅうさん
おおきくなったら
かしゅになれると
いいね。
また みんなに
すてきなうたを
きかせてね。
せんせいより

カップケーキを開くとアイス
クリーム！ カードはびょう
ぶ折りにした色画用紙をベー
スにして作ります。

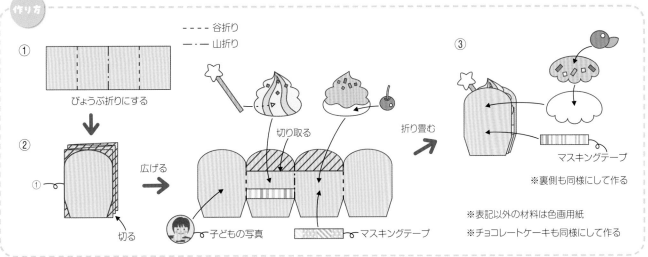

作り方

- - - - 谷折り
—・— 山折り

① びょうぶ折りにする

② ① 切る

広げる

切り取る

子どもの写真

マスキングテープ

折り畳む

③

マスキングテープ

※裏側も同様にして作る

※表記以外の材料は色画用紙
※チョコレートケーキも同様にして作る

飛び出すデコレーションカード

カードを開くと、イチゴが載った大きなケーキが飛び出します。

二つ折りにした色画用紙に、四角く切ったでんぐりシートを挟んではって作ります。

型紙 **119ページ** に型紙があります。

おたんじょうび おめでとう

しんちょう
103 センチメートル
たいじゅう
16.5 キログラム

すきなもの
でんしゃ
おともだち
かいとさん

いつも げんきいっぱいで、
にこにこえがおの
ひまりさん。
これからも、かわいいえがおを
たくさんみせてね！
まりな せんせいより

4さい

表面には写真、裏面には手形をそれぞれはって飾ります。

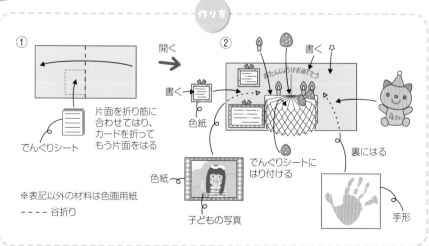

作り方

① 開く → ②

でんぐりシート

片面を折り筋に合わせてはり、カードを折ってもう片面をはる

※表記以外の材料は色画用紙
- - - - 谷折り

書く
色紙
子どもの写真

書く
おたんじょうびおめでとう
色紙
でんぐりシートにはり付ける

裏にはる
手形
4さい

90

毛糸が暑い季節には、ポンポンをすずらんテープで作るのもいいでしょう。

はるかさん
12がつ15にち
うまれ
5さい

こうきさん
8がつ21にち
うまれ
5さい

裏には写真とメッセージを添えて。

ないている おともだちや、
こまっている おともだちを、
たすけてくれる やさしい
はるかさん。
やさしいこころを
あおぎくそだてくね。
かなせんせいより。

手形にくちばしと目、足を描き足して鳥に見立てました。こんなあそび心があっても楽しくていいですね。

おたんじょうび
おめでとう

▲▲▲▲▲▲▲▲▲▲▲▲

ポンポンの
ダブルアイスカード

子どもたちの大好きなアイスクリームのカードです。カラー工作紙に色画用紙をはって丈夫に作り、ポンポンを2つ重ねてダブルのアイスクリームにしました。

型紙 119ページ
に型紙があります。

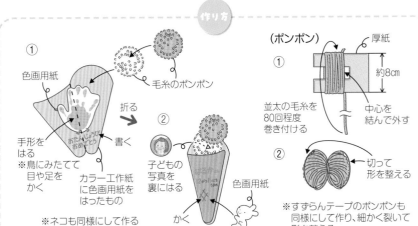

作り方

① 色画用紙

毛糸のポンポン

手形をはる
※鳥にみたてて目や足をかく

カラー工作紙に色画用紙をはったもの

折る
書く

おたんじょうびおめでとう

② 子どもの写真を裏にはる

色画用紙
かく

※ネコも同様にして作る
- - - - 谷折り

（ポンポン）
厚紙
① 約8cm

並太の毛糸を80回程度巻き付ける
中心を結んで外す

② 切って形を整える

※すずらんテープのポンポンも同様にして作り、細かく裂いて形を整える

飾りとカード

91

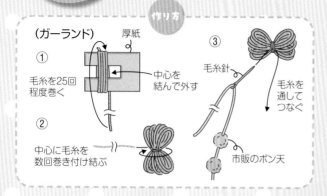

誕生表

（ガーランド）

① 毛糸を25回程度巻く

厚紙

中心を結んで外す

② 中心に毛糸を数回巻き付け結ぶ

作り方

③ 毛糸針 毛糸を通してつなぐ

市販のボン天

▲▲▲▲▲▲▲▲▲▲▲▲▲▲▲

ガーランドをプラスして華やかに

ころころアニマルバースデー

月ごとの動物さんに、誕生児を書き込みました。束ねた毛糸や、市販のボン天にひもを通したガーランドで、優しい印象のお誕生表になりました。

ボン天は毛糸針などを使ってひもを通します。

型紙 120ページ に型紙があります。

おたんじょうびおめでとう

4がつ
7. あみ
10. ももこ
16. ひろと

6がつ
6. けんじ
8. かなこ

9がつ
23. えな

12がつ
8. りょうすけ
17. あんな

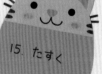
3がつ
15. たすく

5がつ
2. りこ

7がつ
14. そうた
29. さえ

5. まこと
31. たくま

10がつ

1がつ
3. ゆうま
21. りんか
25. みずき

8 21. るい

9 30. さや

11 2. れん / 12. ひかる / 20. きさき

10 2. そうた / 26. はやと

7 3. みずき / 15. かいと / 23. みちか

4. せあ / 13. つむぎ

6 10. ゆな

5 7. ここな / 23. なお

12 24. しょう / 28. りん

2 14. うみ / 19. しょうた

4 18. らん / 26. そうた

3 18. りょう

5さい

おたんじょうび おめでとう

飾りとカード

▲▲▲▲▲▲▲▲▲▲▲▲▲▲▲▲▲▲

お誕生月にはかごに載せて
季節のフルーツでおめでとう！

フルーツをたくさん並べてにぎやかに。　お誕生月がきたら、
切り株の上のバスケットに移動してお祝いします。

型紙 121ページ
に型紙があります。

4. せあ / 13. つむぎ

5さい

バスケットのフルーツは、
毎月はり替えていきます。

おたんじょうび おめでとう

4さい

3 ❀
7 みなみ
12 りく

10 みか
21 ゆきや

3 なおや
14 まほ

2 まいな
15
21 りおな

7 かのん
15 けんと

1
3 えりか

12
25

11 りゅうせい

8 しょうた
12 りな

3 あいら
26 つばさ

2 ゆうと
25 さな

1 たくや
29 ひかる

型紙 122-123ページ に型紙があります。

季節のお花でお祝い
バースデーリース

それぞれの季節を代表するお花を集めて、大きなリースを
作りました。一年中、お花でいっぱいの誕生表です。

うれしいがいっぱい!

わくわくバースデープレゼント

お誕生月には小鳥が風船をくわえてやってきて、ハッピーバースデー! 並んだプレゼントにわくわくしちゃう誕生表です。ミラーテープを重ねたキラキラの飾りも華やかです。

型紙 123ページ に型紙があります。

おたんじょうび おめでとう

4 さい

4がつ
8. たなか たいが

8がつ
2. すずき ゆうや
27. はやし まこ

10がつ
23. まつだ けいと

6がつ

5がつ
3. あんどう りえ
13. いしかわ るい
28. こいけ そうた

16. しまだ こうせい

7がつ
5. なかおか はる
22. さかた にいな

9がつ
4. たかはし れん

飾りとカード

5. ほりべ じゅん

4
22. ふかざわ かおり
30. にし いずみ

6
1. やまだ たかとし
15. こやま かほ

8
4. くろす もえ
11. やなぎ じん

7
21. いしばし あさひ

9
10. おだしま ぞうる
19. やまがた ゆみ

6さい

10
12. いとう こうだ
30. おおすみ めぐみ

11
5. あさくら のりあき
14. こもり かずみ

1
4. とよしま きんや
28. かわた せいこ

2
25. しおの ともみ

12
20. たちばな きらり

3
8. しらずな ひとみ
11. たじま くにと

おたんじょうびおめでとう

型紙 124-125ページ に型紙があります。

大空でお祝い
気球に乗ってバースデー

お誕生日のお祝いは気球に乗って大空で！　動物さんた

ちと一緒に気持ちよい空の旅が楽しめそうです。

クマさんのバースデーボード

月ごとに誕生児を掲示して、お祝いするボードです。花束の部分には、本の保護などに使う透明のカバーフィルムなどをはって、月表示やお花のネームカードをはり替えやすくしています。

お誕生日当日にお祝いする方式なら、今日のお誕生児だけを表示するスペシャルなボードにしてもいいですね。

月の表示や、お花のネームカードは輪にしたセロハンテープなどではって、必要に応じて張り替えます。

型紙 126ページ に型紙があります。

飾りとカード

写真を飾って
おめでとうフレーム

誕生児の写真をフレームに入れておめでとうコーナー
に飾ってもいいですね。100円ショップなどで購入で
きるフレームを、ボタンやシールなどで飾りました。
誕生月が終わったら、そのままプレゼントに。

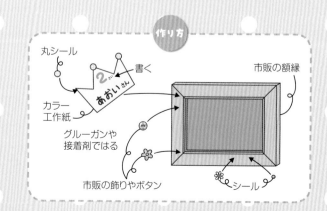

作り方

丸シール

書く

市販の額縁

カラー
工作紙

グルーガンや
接着剤ではる

市販の飾りやボタン

シール

「ケーキ大好き！」絵人形①

この絵人形を使ったシアターは、12〜17ページで紹介しています。作り方は112ページを参照してください。

リナちゃん（表）

リナちゃん（裏）

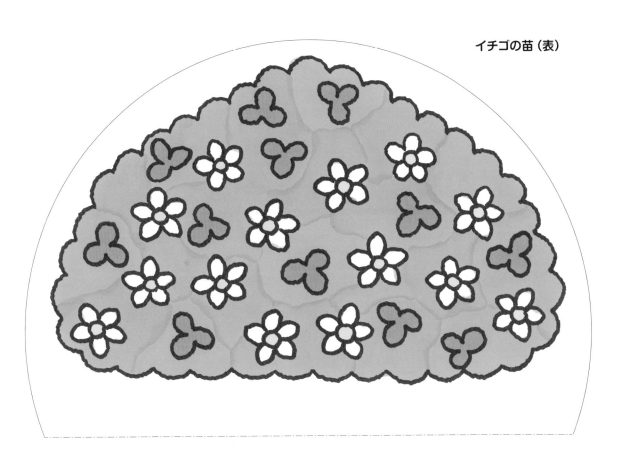

イチゴの苗（表）

イチゴの苗（裏）

キリトリセン

かご

芽

じょうろ

チョウチョウ

ケーキの皿

おめでとう飾り

金のイチゴ

おたんじょうび
おめでとう

キリトリセン

「お誕生日プレゼントマシーン」絵人形①

この絵人形を使ったシアターは、24〜29ページで紹介しています。作り方は112ページを参照してください。

ウサギちゃん（裏）

ウサギちゃん
（表）

リスくん（裏）

リスくん
（表）

付録1

キリトリセン

タヌポン博士
（表）

タヌポン博士
（裏）

付録1

キリトリセン

プレゼントマシーン（表）

プレゼントマシーン（裏）

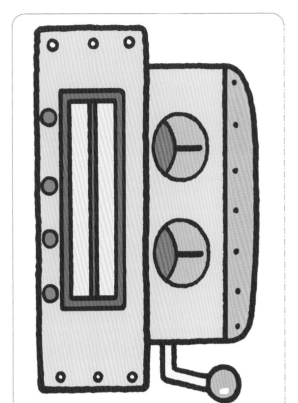

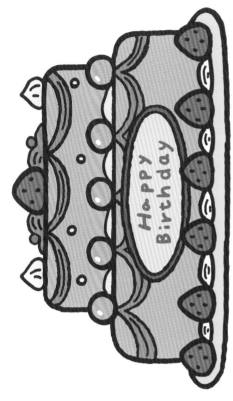

タコ（表）

ボール（表）

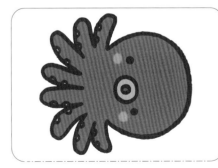

たこ（裏）

煙（裏）

バースデーケーキの写真

83ページで紹介しているデコレーションケーキ冠で使用したケーキの写真です。
カラーコピーして切り抜き、自由に飾って使ってください。

付録
1

シアターの作り方

この本では、より簡単に作れる方法を紹介します。
カラーイラストや付録を使えばらくらく。
準備に時間がかからないので、たくさんのシアターを作って
子どもたちといろいろ楽しみましょう！

パネルシアター

パネルは、誕生会に参加する人数や年齢に合わせて大きさを決めましょう。絵人形は、それぞれのページに
ついているカラーイラストを拡大コピーして使えば、自分で色塗りをしなくてもいいのでとっても便利です。

パネルの作り方

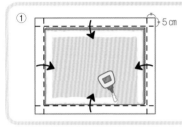

① 上下左右とも板より5cmほど大きく
切ったパネル布（またはネル生地）に
厚手の段ボール板を載せ、周囲に木
工用接着剤をつけてはる。

② 布をぴんと張っ
て、ガムテープで
はり留める。

パネルの立て方

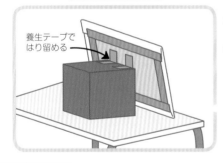

養生テープで
はり留める

机の上に大型積み木
などを置き、少し傾
斜がつくように固定
する。

斜めにすること
で絵人形が落ち
にくくなります。

絵人形の作り方

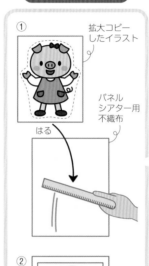

① 拡大コピー
したイラスト

パネル
シアター用
不織布

はる

②

① パネルシアター用不織布に木工
用接着剤を薄く伸ばすようにし
て塗り、拡大コピーをしたイラ
ストをはる。

木工用接着剤は、紙の方
に塗るとシワになりやすい
ので、不織布の方に塗りま
しょう。
そのとき、定規などを使っ
て薄く均等に伸ばすこと
がきれいに仕上がるポイン
トです。
少しシワになっても木工用
接着剤が乾けば大丈夫！

② 破線（切り取り線）が残らない
ように、はさみで切り取りとる。

ペープサート

ペープサートは、99～109ページに実物大の付録があるので、割りばしをつければすぐに出来上がります。

絵人形の作り方

① 付録の絵人形　ブックカバー

① 99～109ページにある
付録を切りとり、表面に
ブックカバーをはる。

②

② 点線で二つ折りして、
表の線に合わせて2枚
一緒に切る。

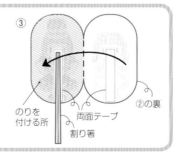

③

のりを
付ける所

両面テープ
割り箸
②の裏

③ 割りばしを表・裏とも両面テープ
ではり留める。紙にのりを塗り、
半分に折ってはり合わせる。

粘土の台の作り方

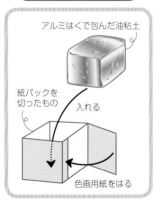

アルミはくで包んだ油粘土

紙パックを
切ったもの

入れる

色画用紙をはる

112

コピーして使える 型紙

この本で紹介した飾りの絵柄や
カードなどの製作物の型紙です。
作りたい大きさにコピーして
使ってください。

型紙 **000ページ** に型紙があります。

型紙がある製作物には、
このマークが付いています。

型紙は縮小して掲載しています。使いたい大きさに拡大コピーしてください。
「作りたい寸法÷型紙の寸法×100」で使いたい大きさの拡大率を計算することができます。
花の大きさを直径8cmで作りたい場合、8÷3×100=266.6666……→約267%となります。

267% 拡大

型紙の寸法
（3cm）

作りたい寸法
（8cm）

P.69

グラデーションで **レインボーチェーン**　※170%拡大すると、本誌で紹介している大きさになります。

小鳥

イヌ

ウサギ

花

ゾウ

クラッカーでお祝い **記念撮影コーナー** ※400%拡大してから200%拡大すると、本誌で紹介している大きさになります。

リボン1
リボン2
リボン3
リボン4
葉っぱ
ウサギ
クマ

ケーキの窓からおめでとう！

※175%拡大すると、本誌で紹介している大きさになります。

イヌ

ウサギ

ネコ

ブドウ

ミカン

イチゴ

キウィ

大好き! フルーツカード

※175%拡大すると、本誌で紹介している大きさになります。

イチゴ

イヌ

ブドウ

クマ

P.86

ハートの恐竜カード

※190%拡大すると、本誌で紹介している大きさになります。

恐竜

ハート

P.87

お花ポケットの動物さんカード

※250%拡大すると、本誌で紹介している大きさになります。

ネコ

ウサギ

花

付録2

ぱっと開いて　おめでとうフラワーカード

※250%拡大すると、本誌で紹介している大きさになります。

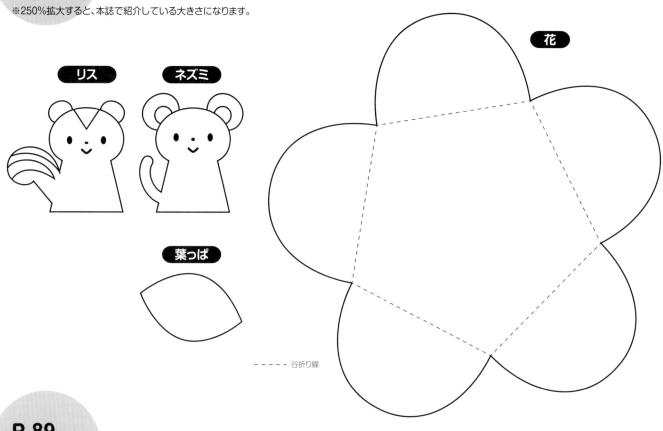

リス　ネズミ

花

葉っぱ

- - - - - 谷折り線

カップケーキカード

※200%拡大すると、本誌で紹介している大きさになります。

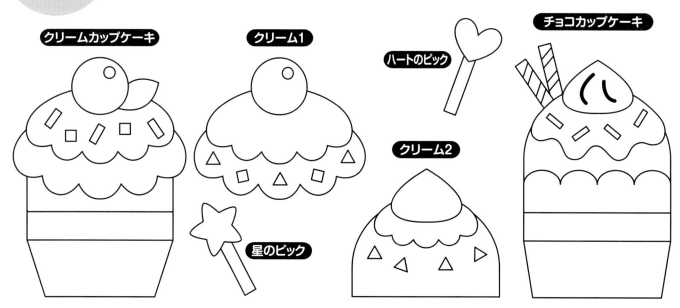

クリームカップケーキ　クリーム1　ハートのピック　チョコカップケーキ

クリーム2

星のピック

P.90

飛び出すデコレーションカード

※175%拡大すると、本誌で紹介している大きさになります。

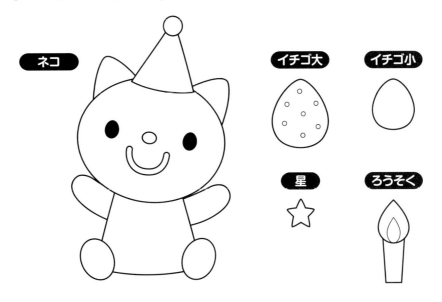

ネコ
イチゴ大
イチゴ小
星
ろうそく

P.91

ポンポンのダブルアイスカード

※175%拡大すると、本誌で紹介している大きさになります。

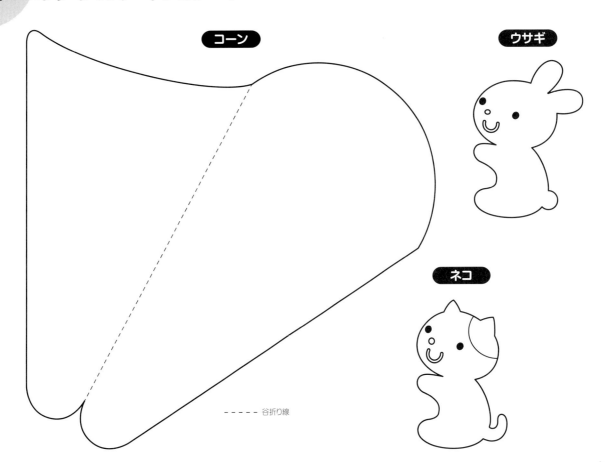

コーン
ウサギ
ネコ

- - - - - 谷折り線

付録2

クマ

ウサギ

星

ネコ

イヌ

お誕生月にはかごに載せて　季節のフルーツでおめでとう

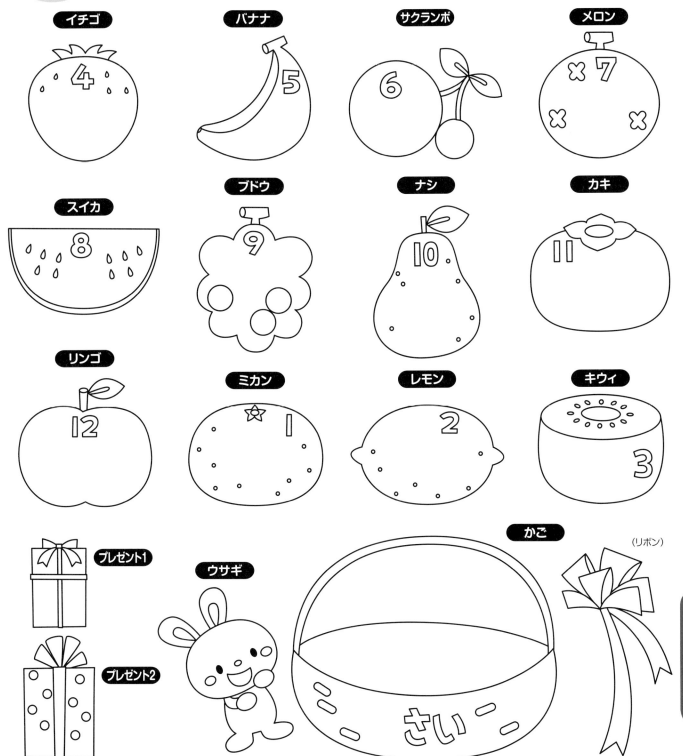

イチゴ

バナナ

サクランボ

メロン

スイカ

ブドウ

ナシ

カキ

リンゴ

ミカン

レモン

キウィ

プレゼント1

プレゼント2

ウサギ

かご

（リボン）

さい

季節のお花でお祝い　**バースデーリース**

4月サクラ

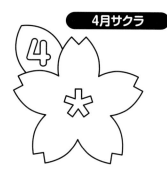

5月バラ

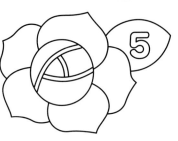

6月アジサイ

7月アサガオ

8月ヒマワリ

9月コスモス

10月キク

11月サザンカ

12月ポインセチア

1月ウメ

2月スイセン

3月タンポポ

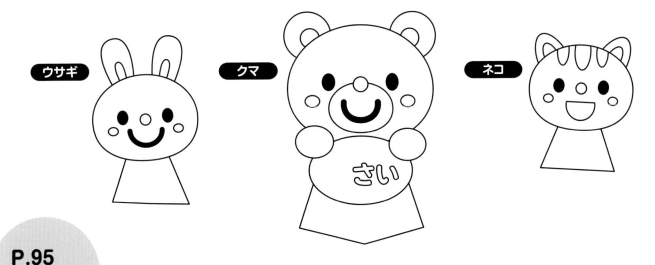

ウサギ クマ ネコ

P.95

うれしいがいっぱい! **わくわくバースデープレゼント**

おめでとうリボン

小鳥

月表示のタグ

風船

クマ

ウサギ

サル

プレゼント1

プレゼント2

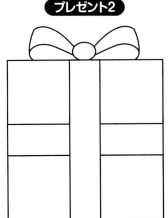

プレゼント3

プレゼント4

大空でお祝い　**気球に乗ってバースデー**

クマとネズミ

星飾り

ウサギとイヌ

ハート飾り

124

風船

横断幕

雲1

雲2

今月のお誕生児を掲示 **クマさんのバースデーボード**

冠

花束

クマ

ネームカード

花

おたんじょうび
おめでとう

おたんじょうびおめでとう

4 5 6 7 8 9
10 11 12 1 2 3

★作・案・指導

あおぞらワッペン（金子しんぺい　千葉純平　山田リイコ）　磯亜矢子　加藤みきお（鈴鹿野郎舞一座）
安井素子　山本和子　山本省三　リボングラス

★絵人形イラスト・製作

会田暁子　青木菜穂子　浅沼聖子　井坂愛　出石直子　臼井千香子　小沼かおる
くらたみちこ　むかいえり　村東ナナ　やべりえ　山本省三　わたいしおり

●カバー・本文デザイン・・・高橋陽子
●作り方イラスト・・・・・小早川真澄　高橋美紀
●モデル・・・・・・・・・瀧田明生　出口たかし　橋本紗英　クラージュ・キッズ（加藤櫻華　吉田帆華）
●撮影・・・・・・・・・・戸高康博（GOOD MORNING）
●型紙トレース・・・・・・・小早川真澄
●編曲・・・・・・・・・・森光 明
●楽譜浄書・・・・・・・・国重敦史　フロム・サーティ
●構成・編集・・・・・・・リボングラス（若尾さや子　篠崎頼子　矢野寿美子）
●編集担当・・・・・・・・小髙真梨（ナツメ出版企画）

お誕生会パーフェクトブック

2020年4月3日　初版発行

発行者　田村正隆
発行所　株式会社ナツメ社
　　　　東京都千代田区神田神保町1-52　ナツメビル1F（〒101-0051）
　　　　電話　03-3291-1257（代表）　FAX　03-3291-5761
　　　　振替　00130-1-58661
制　作　ナツメ出版企画株式会社
　　　　東京都千代田区神田神保町1-52　ナツメビル3F（〒101-0051）
　　　　電話　03-3295-3921（代表）
印刷所　図書印刷株式会社

ISBN978-4-8163-6816-5　　　　　　　　Printed in Japan